Mohammed Abdullaha Taha

Ataque Black Hole em redes MANET

Mohammed Abdullaha Taha

Ataque Black Hole em redes MANET

ScienciaScripts

Imprint

Cover image: www.ingimage.com

This book is a translation from the original published under ISBN 978-613-3-99424-9.

Publisher:
Sciencia Scripts
is a trademark of
Dodo Books Indian Ocean Ltd. and OmniScriptum S.R.L publishing group

120 High Road, East Finchley, London, N2 9ED, United Kingdom
Str. Armeneasca 28/1, office 1, Chisinau MD-2012, Republic of Moldova, Europe
Printed at: see last page
ISBN: 978-620-8-08004-4

Índice

Dedicação

Para o meu país "Iraque"

Para os meus pais

Os meus irmãos

As minhas irmãs, e

Para os meus amigos

Agradecimentos

Todos os louvores ao Todo-Poderoso "ALLAH", que nos permitiu completar esta tarefa com sucesso e o nosso maior respeito ao Seu último Profeta Maomé (S.A.W.).

Gostaria de expressar o meu profundo apreço e os meus sinceros agradecimentos ao meu supervisor, **Dr. Luma Fayeq Jalil**, pelas suas inestimáveis sugestões, apoio e encorajamento contínuo durante todo o projeto.

Agradeço também sinceramente aos meus pais, irmãos e irmãs. Sem a sua paciência infinita e o seu apoio contínuo, esta tese não teria sido apresentada.

E os meus agradecimentos são extensivos aos amigos que tiveram a sua parte de sofrimento e sacrifício durante esta investigação.

Resumo

Uma rede ad-hoc sem fios é uma rede temporária criada com computadores móveis sem fios (ou nós) que se deslocam arbitrariamente em locais que não dispõem de infra-estruturas de rede. Uma vez que os nós comunicam entre si, cooperam encaminhando os pacotes de dados para outros nós da rede. Assim, os nós encontram um caminho para o nó de destino utilizando protocolos de encaminhamento. No entanto, devido às vulnerabilidades de segurança dos protocolos de encaminhamento, as redes ad-hoc sem fios estão desprotegidas contra os ataques dos nós maliciosos.

Um desses ataques é o Black Hole Attack contra a integridade da rede, que absorve todos os pacotes de dados na rede. Uma vez que os pacotes de dados não chegam ao nó de destino. Existem muitos mecanismos de deteção e defesa para eliminar o intruso que efectua o ataque Black Hole. Neste trabalho, simulámos o ataque Black Hole em vários cenários de redes ad-hoc sem fios e encontrámos um sistema de resposta nas simulações. O protocolo de encaminhamento ABAODV (Anti-Black Hole Ad hoc On Demand Distance Vetor) foi concebido e implementado para reduzir o efeito do ataque Black Hole. Throughput, Packet Delivery Fraction (PDF), Average end-to-end Delay (AED) e Normalized Routing Load (NRL) são métricas de avaliação de desempenho calculadas com o ABAODV e comparados os resultados com o AODV com e sem ataque Black Hole. O ABAODV foi implementado no NS-2. O ABAODV eliminou o efeito Black Hole com até 99% de sucesso. O trabalho foi realizado no sistema operativo Linux em todas as fases do trabalho, que incluem a geração de mobilidade, a simulação, a análise e a apresentação dos resultados. A simulação foi efectuada utilizando o simulador de rede (NS-2).

Lista de abreviaturas

ABAODV	Anti –Black Hole Ad hoc On Demand Distance Vector
ACK	Acknowledgement
AED	Average end –to –end Delay
AGT	Agent
AODV	Ad hoc On-Demand Distance Vector
AP	Access Point
AWK	Aho, Peter Weinberger, and Brian Kernighan
BSS	Basic Service Set
CBR	Constant Bit Rate
CGSR	Cluster head Gateway Switch Routing Protocol
CM	Control Module
DARPA	Defense Advanced Research Projects Agency
DoS	Denial of Services
DSDV	Destination Sequence Distance Vector
DSR	Dynamic Source Routing
BSS	Basic Service Set
ESS	Extended Service Set
FSR	Fisheye State Routing
GloMoSim	Global Mobile Simulator
GSR	Global State Routing
HSR	Hierarchical State Routing
IDS	Intrusion Detection System
IEEE	Institute of Electrical and Electronics Engineers
IP	Internet Protocol
MAC	Media Access Control

MANET	Mobile Ad hoc Networking
NAM	Network Animator
NRL	Normalized routing overhead
NS-2	Network Simulator version 2
OLSR	Optimized link State Routing
OPNET	Optimized Network Engineering Tools
OTCL	Object Oriented Tool Command Language
PDF	Packet delivery Fraction
PHY	Physical layer
RERR	Route Error
RFC	Request for Comment
RREP	Route Replay
RREQ	Route Request
RTR	Router
SANET	Static Ad hoc network
STA	Station
TCL	Tool Command Language
TCP	Transmission Control Protocol
TORA	Temporally Ordered Routing Algorithm
TTL	Time To live
UDP	User Datagram Protocol
VBR	Variable Bit Rate
WRP	Wireless Routing Protocol
ZHLS	Zone –based Hierarchical Link State

Capítulo 1

Introdução

1.1 Introdução

Uma rede Ad hoc móvel (MANET) é um conjunto de nós móveis sem fios que têm a capacidade de comunicar entre si sem disporem de uma infraestrutura de rede fixa ou de uma estação de base central. Uma vez que os nós móveis não são controlados por qualquer outra entidade de controlo, têm uma mobilidade e conetividade ilimitadas com os outros. O encaminhamento e a gestão da rede são efectuados de forma cooperativa por cada um dos nós. Estes nós móveis comunicam diretamente entre si se estiverem dentro do mesmo raio de comunicação por rádio. A comunicação entre nós fora do alcance de rádio requer a cooperação de outros nós, o que é conhecido como comunicação multi-hop. Por conseguinte, cada nó deve atuar simultaneamente como anfitrião e encaminhador [1].

Devido à limitação da potência de transmissão, é necessária uma arquitetura multi-hop para que um nó possa comunicar com outro através das redes. Nesta arquitetura multi-hop, cada nó funciona como anfitrião e também como encaminhador que reencaminha pacotes para outros nós que podem não estar dentro de um raio de comunicação direta. Cada nó participa num protocolo de descoberta de rotas Ad hoc que encontra rotas multi-hop através da rede móvel entre quaisquer dois nós. Estes nós móveis sem infra-estruturas nas redes Ad hoc criam dinamicamente rotas entre si para formar a sua própria rede sem fios em tempo real. Assim, as redes Ad hoc móveis constituem um método de comunicação extremamente flexível para qualquer local onde existam restrições geográficas ou terrestres e seja necessário um sistema de rede sem arquitetura fixa, como os campos de batalha e algumas situações de gestão de catástrofes. Para assegurar a conetividade, os nós utilizam alguns protocolos de encaminhamento, como o AODV (Ad-hoc On- Demand Distance Vetor), o DSR (Dynamic Source Routing) e o DSDV (Destination- Sequenced Distance-Vetor). Para além de atuar como anfitrião, cada nó também actua como encaminhador para descobrir um caminho e encaminhar os pacotes para o nó correto na rede.

Como as redes ad-hoc sem fios não dispõem de uma infraestrutura, estão expostas a muitos ataques. Um desses ataques é o ataque Black Hole. No ataque Black Hole, um nó malicioso absorve todos os pacotes de dados para dentro de si, à semelhança de um buraco que suga tudo. Desta forma, todos os pacotes da rede são descartados. Um nó malicioso que deixa cair todo o tráfego na rede utiliza as vulnerabilidades dos pacotes de descoberta de rotas dos protocolos a pedido, como o AODV. Num processo de descoberta de rota do protocolo AODV, os nós intermédios são responsáveis por encontrar um novo caminho para o destino, enviando pacotes de descoberta para os nós vizinhos. Os nós maliciosos não utilizam este processo e, em vez disso, respondem imediatamente ao nó de origem com informações falsas, como se tivessem um caminho suficientemente fresco para o destino. Assim, o nó de origem envia os seus pacotes de dados através do nó malicioso para o destino, assumindo que se trata de um caminho verdadeiro. O ataque Black Hole pode ocorrer devido a um nó malicioso que está deliberadamente a comportar-se mal, bem como devido a uma interface de nó danificada. Em qualquer dos casos, os nós da rede tentarão constantemente encontrar uma rota para o destino, o que faz com que o nó consuma a sua bateria, para além de perder pacotes.

1.2 Esboço da tese

O resto da tese está organizado da seguinte forma:

- **Capítulo 2:** apresentou as redes Ad hoc sem fios, as aplicações, as classificações dos protocolos de encaminhamento e as suas vulnerabilidades de segurança.

- **Capítulo 3**: descreveu o protocolo AODV e mostrou como o ataque Black Hole faz com que o protocolo se comporte mal e apresenta o NS (Network Simulator) e a modificação deste software para simular o ataque Black Hole no Ns2.

- **Capítulo 4**: explica a solução proposta para minimizar o efeito Black Hole e verifica as métricas de avaliação de desempenho como Throughput, Packets Delivery Fractions, Average end to end Delay e Normalized Routing Load.

- **Capítulo 5**: contém as conclusões e os trabalhos futuros.

1.3 Pesquisa bibliográfica

De facto, foram publicadas inúmeras tentativas na literatura com o objetivo de contrariar os ataques Black Hole. Em seguida, são apresentados, por ordem cronológica, diferentes esquemas de deteção de ataques Black Hole.

- Em 2006, em [2], a solução proposta foi a utilização de um mecanismo de cache de RREP. Este assume que, como o Black Hole envia a mensagem RREP sem verificar a sua tabela de encaminhamento, é mais provável que o primeiro RREP chegue à fonte. Assim, a solução simplesmente ignora o primeiro RREP e seleciona o próximo RREP com o número de sequência mais elevado. Mas esta decisão pode não ser sempre verdadeira. Por exemplo, o primeiro RREP pode ser de um nó bom que está mais próximo da fonte e o segundo RREP pode ser do nó Black Hole, que está longe do nó de origem. Neste caso, a solução ignora o RREP correto e seleciona o RREP incorreto. Esta solução eliminou o efeito Black Hole com %24,38 de sucesso.

- Em 2007, em [3], o autor utiliza um esquema de deteção de anomalias. Utiliza um método de treino dinâmico em que os dados de treino são actualizados em intervalos de tempo regulares. Um vetor de caraterísticas multidimensional é definido para expressar o estado da rede em cada nó. Cada dimensão é contada em cada intervalo de tempo. Utiliza um número de sequência de destino para detetar ataques. O vetor de caraterísticas inclui o número de mensagens RREQ enviadas, o número de mensagens RREP recebidas, a média da diferença do número de sequência do destino em cada intervalo de tempo entre o número de sequência da mensagem RREP e o que consta da lista. Calculam o vetor médio efectuando alguns cálculos matemáticos. Comparam a distância entre o vetor médio e a amostra de dados de entrada. Se a distância for superior a um determinado valor limite, existe um ataque. Os dados actualizados são definidos para serem utilizados na deteção seguinte. Repetindo isto para o intervalo de tempo T, é efectuada a deteção de anomalias. Consome uma quantidade considerável de tempo para efetuar cálculos para cada pacote RREP.

- Em 2007, em [4], o autor propôs uma solução para o problema do ataque Black

Hole no protocolo de encaminhamento AODV. Permitiram que o nó intermédio enviasse uma mensagem de resposta se tivesse uma rota suficientemente recente para o destino. No entanto, o nó intermédio pode ser um nó malicioso e enviar uma resposta de rota mesmo que não tenha uma rota suficientemente recente para o destino, de modo a criar um ataque Black Hole. Propuseram uma solução em que o nó de origem enviaria outro pedido de rota para o próximo salto do nó intermédio para verificar a autenticidade da rota do nó intermédio para o nó de destino. Se a rota existir, o nó intermédio é considerado fiável; caso contrário, a mensagem de resposta do nó intermédio é rejeitada.

- Em 2011, em [5], o autor concebeu um algoritmo que previne o ataque Black Hole à custa de uma sobrecarga de processamento apenas marginal. Ele nem sequer modifica o funcionamento do AODV normal, mas chama um pré-processo chamado Pre_Process_RREP. O processo continua a aceitar pacotes RREP e chama um processo chamado Compare_Pkts(packet pl, packet p2) que compara o número de sequência de destino de dois pacotes e seleciona o pacote com um número de sequência de destino mais elevado se a diferença entre os dois números não for significativamente elevada. Um pacote com um número de sequência de destino excecionalmente elevado é suspeito de ser um nó malicioso e é gerada uma mensagem de ALERTA com a identificação do nó, que é transmitida aos nós vizinhos para que qualquer mensagem recebida desse nó malicioso seja rejeitada. Os nós que participam na comunicação podem manter uma lista desses nós maliciosos, que pode ser utilizada.

- Em 2012, em [6], o autor propõe o protocolo de encaminhamento Credit based on AODV (CAODV) para proteger a rede de ataques Black Hole. O CAODV usa crédito para verificar o nó de salto seguinte. O CAODV inicializa um crédito para o nó de salto seguinte na fase de descoberta de rota. Quando o nó existente na tabela de rotas envia um pacote, diminui um crédito do nó de salto seguinte. O nó de destino enviará uma confirmação de crédito (CACK) ao nó de origem assim que receber o pacote de dados. O nó intermédio recebe o CACK e aumenta o crédito do próximo salto se este for de confiança. Por outro lado, se o nó de destino não puder receber o pacote de dados e os nós no caminho não puderem receber o CACK, o crédito será reduzido a zero. Isto significa que o nó de salto seguinte não é de confiança e também será marcado como um nó da lista negra.

- Em 2012, em [7], o autor propõe o Two Tier Secure AODV (TTSAODV), No protocolo proposto, são fornecidos dois níveis de segurança. Um nível é durante o processo de descoberta de rota e o outro é durante a transferência de dados. Mesmo que a deteção de um ataque Black Hole falhe no processo de descoberta da rota, no nível seguinte será identificado. A solução deve ser incluída com algumas técnicas de verificação durante o processo de descoberta de rota. Assim, o protocolo proposto TTSAODV identifica o ataque Black Hole individual e colaborativo, verificando a veracidade da mensagem RREP com mensagens de verificação enviadas pelos vizinhos do nó intermédio que enviou o RREP sem considerar o número de sequência no RREP. O pressuposto básico desta solução é que existe um sistema de distribuição de chaves simétricas forte na MANET. Assim, cada par de nós na rede tem uma chave secreta comum única.

1.4 Finalidades e objectivos

O objetivo deste trabalho é propor uma solução para o ataque Black Hole em protocolos de encaminhamento Ad hoc on demand distance vetor (AODV) e analisar os efeitos da solução proposta no Throughput , Packets Delivery Fractions , Normalized Routing Load e Average end-to-end delay em MANET. Para atingir este objetivo, é necessário simular o ataque Black Hole utilizando protocolos de encaminhamento Ad hoc on demand distance vetor (AODV) e analisar os efeitos do ataque Black Hole no Throughput, Packets Delivery Fractions , Normalized Routing Load e Average end-to-end delay em MANET.

Capítulo 2

Redes sem fios

2.1 Introdução

As redes sem fios estão a ganhar popularidade ao máximo hoje em dia, uma vez que os utilizadores querem conetividade sem fios independentemente da sua posição geográfica. As redes sem fios permitem que os utilizadores comuniquem e transfiram dados entre si sem qualquer meio com fios entre eles. Uma das razões para a popularidade destas redes é a ampla penetração dos dispositivos sem fios. As aplicações e os dispositivos sem fios centram-se principalmente nas redes locais sem fios (WLAN) [8]. Este capítulo apresentou as redes ad hoc sem fios, as aplicações, as classificações dos protocolos de encaminhamento e as suas vulnerabilidades de segurança

2.2 Norma IEEE para redes sem fios

O Institute of Electrical and Electronics Engineers (IEEE) define especificações para uma LAN sem fios, designada 802.11, que abrangem as camadas física e de ligação de dados. A norma define dois tipos de serviços: o conjunto de serviços básicos (BSS) e o conjunto de serviços alargados (ESS) [25].

2.2.1 Conjunto de serviços básicos (BSS): O **IEEE** 802.11 define o conjunto de serviços básicos (BSS) como o bloco de construção da LAN sem fios. Um conjunto de serviços básicos é constituído por estações sem fios fixas ou móveis e por uma estação de base central opcional, conhecida como ponto de acesso (AP).

O BSS sem um AP é uma rede autónoma e não pode enviar dados para outros BSS. Nesta arquitetura, as estações podem formar uma rede sem necessidade de um AP; podem localizar-se umas às outras e concordar em fazer parte de um BSS. Um BSS com um ponto de acesso AP é por vezes referido como uma ***rede de infraestrutura***, como se pode ver na figura (2.1).

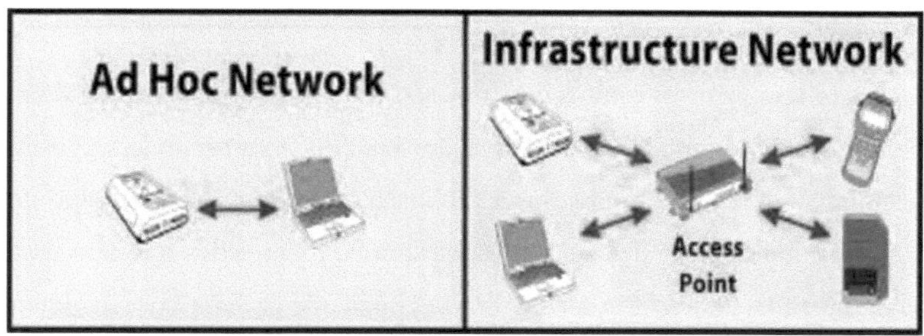

Fig(2.1)Rede ad hoc e rede de infra-estruturas

2.2.2 Conjunto de serviços alargado: um conjunto de serviços alargado (ESS) é constituído por dois ou mais BSSs com APs. Neste caso, os BSSs estão ligados através de um sistema de distribuição, que é normalmente uma LAN com fios, e o sistema de distribuição liga os APs nos BSSs. Note-se que o conjunto de serviços alargado (ESS) utiliza dois tipos de estações: móveis e fixas, sendo que as estações móveis são estações normais dentro do BSS e as estações fixas são estações AP que fazem parte de uma LAN com fios.

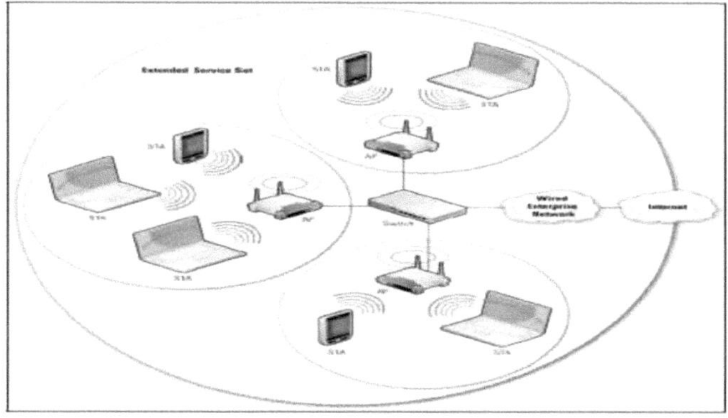

Fig (2.2) - Conjunto alargado de serviços (ESS)[25]

Quando os BSSs estão ligados, as estações ao alcance umas das outras podem comunicar sem a utilização de um AP. No entanto, a comunicação entre duas estações em dois BSSs diferentes geralmente ocorre por meio de dois APs. A idéia é semelhante à comunicação em uma rede celular, se considerarmos cada BSS como uma célula e cada AP como uma estação rádio-base [9].

2.3 Redes Ad-Hoc

As redes Ad-Hoc não têm infra-estruturas e os nós são livres de entrar e sair da rede. Os nós estão ligados entre si através de uma ligação sem fios. Um nó pode servir de router para encaminhar os dados para os nós vizinhos. Por conseguinte, este tipo de rede também é conhecido como redes sem infra-estruturas. Estas redes não têm uma administração centralizada. As redes Ad-Hoc têm a capacidade de lidar com qualquer avaria nos nós ou com quaisquer alterações que ocorram devido a mudanças na topologia. Sempre que um nó da rede está em baixo ou abandona a rede, a ligação entre os outros nós é interrompida. Os nós afectados na rede solicitam simplesmente novas rotas e são estabelecidas novas ligações. A rede Ad-Hoc pode ser classificada em rede Ad-Hoc estática (SANET) e rede Ad-Hoc móvel (MANET) [26].

2.3.1 Redes Ad-Hoc estáticas: Nas redes Ad-Hoc estáticas, a localização geográfica dos nós ou das estações é fixa. Não há nobreza nos nós das redes, por isso elas são conhecidas como redes Ad-Hoc estáticas[26].

2.3.2 Redes Ad-Hoc móveis **:** Uma rede Ad-Hoc móvel (MANET) é um conjunto de nós móveis sem fios que têm a capacidade de comunicar entre si sem disporem de uma infraestrutura de rede fixa ou de uma estação de base central. Uma vez que os nós móveis não são controlados por qualquer outra entidade de controlo, têm uma mobilidade e conetividade ilimitadas com os outros. O encaminhamento e a gestão da rede são efectuados de forma cooperativa por cada um dos nós.

Devido à limitação da potência de transmissão, é necessária uma arquitetura multi-hop para que um nó possa comunicar com outro através das redes. Nesta arquitetura multi-hop, cada nó funciona como anfitrião e também como encaminhador que reencaminha pacotes para outros nós que podem não estar dentro de um raio de comunicação direta.

Cada nó participa num protocolo de descoberta de rotas Ad hoc que descobre rotas multi-hop através da rede móvel entre quaisquer dois nós. Estes nós móveis sem infra-estruturas nas redes Ad hoc criam dinamicamente rotas entre si para formar a sua própria rede sem fios em tempo real. Assim, as redes ad hoc móveis constituem um método de comunicação extremamente flexível para qualquer local onde existam restrições geográficas ou terrestres e seja necessário um sistema de rede sem arquitetura fixa, como os campos de batalha e algumas situações de gestão de catástrofes [27].

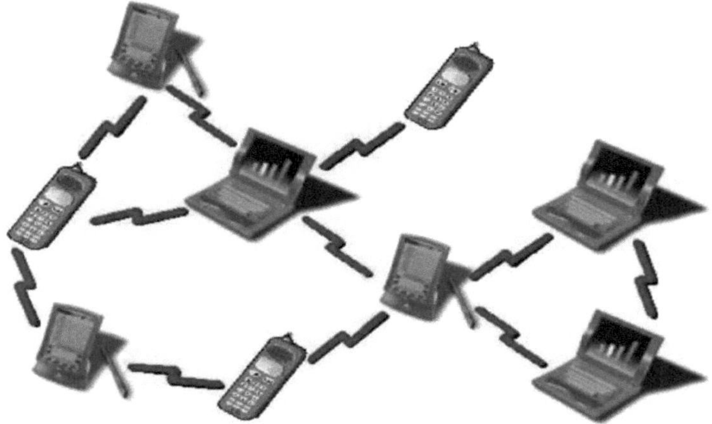

Fig(2.3): Rede Ad hoc móvel[30].

2.4 Caraterísticas dasMANETs

As principais caraterísticas dasMANET incluem [28]:

1. **Cooperação**: Se o nó de origem e o nó de destino estiverem fora do alcance um do outro, a comunicação entre eles é feita com a cooperação de outros nós, de modo a formar uma cadeia válida e óptima de nós ligados entre si. Esta situação é conhecida como comunicação multi-hop.

2. **O dinamismo da topologia**: Os nós das MANET são aleatórios, frequentemente e imprevisivelmente móveis dentro da rede. Estes nós podem sair ou entrar na rede a qualquer momento, afectando assim significativamente o estado de confiança entre nós e a complexidade do encaminhamento.

3. **Falta de infra-estruturas fixas:** A ausência de uma infraestrutura fixa ou central é uma caraterística fundamental dasMANET . Isto elimina a possibilidade de estabelecer uma autoridade centralizada para controlar as caraterísticas da rede.

4. **Restrições de recursos:** As MANET são um conjunto de dispositivos móveis

que, por defeito, têm uma capacidade de energia, uma capacidade de cálculo, uma memória, uma largura de banda, etc. limitadas. Assim, para conseguir uma comunicação segura e fiável entre os nós, estas limitações de recursos tornam a tarefa mais difícil.

2.5 Aplicações e benefícios dasMANETs

As propriedades das MANET tornam-nas tão favoráveis que trariam muitos benefícios. Existem muitas áreas de investigação em MANET que estão a ser estudadas atualmente [10,29,30 ,31].

1. ***Cenários militares*:** as MANET suportam redes tácticas para comunicações militares e campos de batalha automatizados.

2. ***Operações de salvamento*** : Permite a recuperação de desastres, ou seja, a substituição da rede de infra-estruturas fixas em caso de catástrofe ambiental.

3. ***Redes de dados*:** As ***redes*** MANET permitem o intercâmbio de dados entre dispositivos móveis.

4. ***Partilha gratuita da ligação à Internet*:** permite-nos também partilhar a Internet com outros dispositivos móveis.

5. ***Rede de sensores*:** É constituída por dispositivos com capacidade de deteção, computação e ligação em rede sem fios.

6. ***Educação:*** Universidades e campus universitários, salas de aula virtuais, comunicações ad hoc durante reuniões ou palestras.

2.6 Protocolos de encaminhamento de MANETs

Numa MANET, todos os nós são móveis e podem ser ligados dinamicamente de forma arbitrária. Os nós das MANET comportam-se como encaminhadores e participam na descoberta e manutenção de rotas fiáveis entre si. Por conseguinte, os protocolos de encaminhamento para redes com fios não podem ser utilizados diretamente em redes sem fios, tendo sido desenvolvidos numerosos protocolos para as MANET.

Um protocolo de encaminhamento é utilizado para determinar um caminho adequado através do qual os dados são transmitidos numa rede. Determina também a forma como os nós da rede partilham informações entre si e comunica alterações na topologia. Além disso, as decisões do protocolo de encaminhamento têm de ser dinâmicas, em resposta a alterações dinâmicas na topologia da rede.

O principal objetivo dos protocolos de encaminhamento numa rede ad-hoc é estabelecer um caminho ótimo (mínimo de saltos) entre a origem e o destino com um mínimo de sobrecarga e de consumo de largura de banda, de modo a que os pacotes sejam entregues atempadamente. Um protocolo MANET deve funcionar eficazmente num vasto leque de contextos de rede, desde pequenos grupos ad-hoc a grandes redes móveis multi-hop. Assim, o processo de seleção de rotas afecta grandemente o desempenho global da rede. Por conseguinte, o encaminhamento é uma questão crítica nas redes ad hoc sem fios, em que os dados são geralmente transmitidos através de caminhos multi-hop. Estes protocolos de encaminhamento dividem-se em função da gestão das tabelas de encaminhamento[32].

2.7 Classificação dos protocolos de encaminhamento dasMANETs:

Nesta secção, são apresentados os protocolos de encaminhamento mais conhecidos e populares nas MANET. Antes de um nó móvel querer comunicar com um nó alvo, deve transmitir o seu estado atual aos vizinhos, uma vez que a informação de encaminhamento atual não é familiar. De acordo com a forma como a informação é obtida, os protocolos de encaminhamento podem ser classificados em [11]:

2.7.1 Protocolo de encaminhamento proactivo (orientado por tabelas)

O encaminhamento proactivo é também designado por protocolo de encaminhamento baseado em tabelas. Neste protocolo, cada nó mantém uma tabela de encaminhamento que contém informação sobre a topologia da rede, mesmo sem a solicitar [34]. Neste protocolo de encaminhamento, os nós móveis difundem periodicamente a sua informação de encaminhamento para os vizinhos. Cada nó precisa de manter a sua tabela de encaminhamento, que não só regista os nós adjacentes e os nós alcançáveis, mas também o número de saltos. Por outras palavras, todos os nós têm de avaliar as suas vizinhanças, desde que a topologia da rede tenha mudado. Os protocolos de encaminhamento baseados em tabelas apresentam vários problemas.

- A atualização periódica da topologia da rede aumenta a sobrecarga da largura de banda,
- A atualização periódica das tabelas de rotas mantém os nós acordados e esgota rapidamente as suas baterias,
- Nas tabelas de encaminhamento, existem desnecessariamente muitas entradas de rota redundantes para o destino específico.

No entanto, a vantagem é que:

- O estado da rede pode ser imediatamente refletido se o atacante malicioso entrar.

Os tipos mais conhecidos do tipo pró-ativo são o protocolo de encaminhamento DSDV (destination sequenced distance vetor) e o protocolo OLSR (optimized link state routing), o protocolo WRP (Wireless Routing Protocol), o GSR (Global State Routing), o FSR (Fisheye State Routing), o HSR (Hierarchical State Routing) e o CGSR (Cluster head Gateway Switch Routing Protocol) são protocolos de encaminhamento baseados em tabelas[2].

2.7.2 Protocolo de encaminhamento reativo (a pedido)

O encaminhamento reativo é também designado por protocolo de encaminhamento a pedido. Um protocolo de encaminhamento reativo é também conhecido como protocolo de encaminhamento a pedido. Neste protocolo, uma rota é descoberta sempre que é necessária. Os nós iniciam a descoberta de rotas a pedido. O nó de origem consulta a sua cache de rotas para saber qual a rota disponível entre a origem e o destino; se a rota não estiver disponível, inicia o processo de descoberta de rotas; o encaminhamento reativo é simplesmente iniciado quando os nós pretendem transmitir pacotes de dados [34]. Normalmente, os protocolos reactivos:

- Quando os nós tentam encontrar o destino "a pedido", utilizam a técnica de inundação para propagar a consulta.

- Não consomem largura de banda para enviar informações.
- Só consomem largura de banda quando o nó começa a transmitir os dados para o nó de destino.

No entanto, esta pode também ser a ferida fatal quando existem nós maliciosos no ambiente de rede. O ponto fraco é que o método de encaminhamento passivo conduz a alguma perda de pacotes. Os tipos mais conhecidos de protocolos de encaminhamento reactivos são o protocolo AODV (Ad hoc on-demand distance vetor) e o protocolo DSR (dynamic source routing)[2].

Neste trabalho, é escolhido o protocolo Ad-Hoc On-Demand Distance Vetor Routing (AODV) e é implementado um ataque Black Hole a este protocolo. O principal objetivo da escolha do protocolo de encaminhamento AODV é o problema da segurança, porque o protocolo de encaminhamento AODV sofre muito com a perda de pacotes de dados. O protocolo AODV e o ataque Black Hole são descritos em pormenor no capítulo seguinte.

2.7.3 Protocolo de encaminhamento híbrido

O protocolo de encaminhamento híbrido combina as vantagens do encaminhamento proactivo e do encaminhamento reativo para ultrapassar os seus defeitos. Os protocolos proactivos têm um grande overhead e uma latência menor, enquanto os protocolos reactivos têm um overhead menor e uma latência maior [33].

Um protocolo de encaminhamento híbrido é uma combinação de protocolos de encaminhamento proactivos e reactivos. Utiliza o mecanismo de descoberta de rotas do protocolo reativo e o mecanismo de manutenção de tabelas do protocolo proactivo, de modo a evitar problemas de latência e de sobrecarga na rede. Um protocolo híbrido é adequado para redes de grandes dimensões com um grande número de nós [34].

A hierarquia destes protocolos é apresentada na figura (2.4)

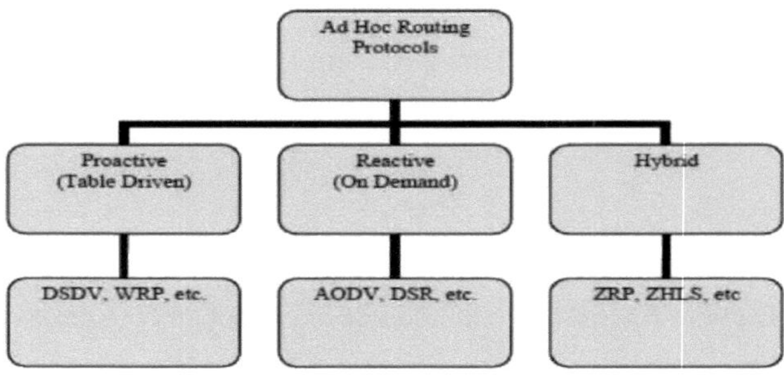

Fig (2.4) Protocolos de encaminhamento de MANETs[32]

2.8 Questões de segurança para MANETs

A segurança é um serviço essencial para as comunicações em redes com e sem fios. O êxito das redes móveis ad hoc (MANET) depende fortemente da confiança das pessoas na sua segurança. No entanto, as caraterísticas das MANET colocam desafios e oportunidades para atingir os objectivos de segurança, como a confidencialidade, a autenticação, a integridade, a disponibilidade, o controlo do acesso e o não repúdio[26].

As MANET sofrem frequentemente ataques de segurança devido às suas caraterísticas, como o meio aberto, a alteração dinâmica da sua topologia, a falta de monitorização e gestão centrais, os algoritmos cooperativos e a ausência de um mecanismo de defesa claro. Estes factores alteraram a situação do campo de batalha das MANET contra as ameaças à segurança.

Os tipos gerais de ataque são as ameaças contra a camada de encaminhamento das redes ad-hoc, como a camada física, MAC e de rede, que é a função mais importante da rede ad-hoc sem fios para o mecanismo de encaminhamento, orientando os pacotes após um processo de descoberta de rotas. Os ataques à rede ad-hoc sem fios na camada de rede têm geralmente dois objectivos: não encaminhar pacotes ou acrescentar e alterar alguns parâmetros das mensagens de encaminhamento, como o número de sequência e os endereços IP. Estes aspectos serão descritos em pormenor nas secções seguintes. A utilização de um dos principais mecanismos, como a criptografia ou a autenticação, ou ambos, numa rede, serve como abordagem preventiva e pode ser utilizada contra "*atacantes*". No entanto, estes mecanismos protegem a rede contra ataques provenientes do exterior, de "*iniciados*" maliciosos que utilizam uma das chaves críticas, o que também pode ameaçar a segurança.

Por exemplo, num campo de batalha onde são utilizadas redes ad-hoc, mesmo que as chaves estejam protegidas por hardware à prova de temperamento utilizado nos veículos da rede, é difícil dizer que esses veículos apresentam o mesmo comportamento se o inimigo os capturar. Por outro lado, um nó pode deliberadamente comportar-se mal como se estivesse danificado. Um nó com uma bateria avariada e incapaz de efetuar operações de rede pode ser entendido como um ataque. Outro comportamento malicioso dos nós é o egoísmo. Os nós egoístas abstêm-se de consumir os seus recursos, como a bateria, não participando nas operações da rede. Por conseguinte, os nós falhados e egoístas também afectam o desempenho da rede, uma vez que não processam corretamente os pacotes de rede, como no mecanismo de encaminhamento. Para apoiar a segurança global e saber como um intruso pode atacar a rede ad hoc sem fios, é necessário garantir que tudo está a funcionar corretamente na rede [2].

2.9 Classificação dos ataques

Os ataques podem ser classificados com base na origem dos ataques, ou seja, internos ou externos, e no comportamento do ataque, ou seja, ataque passivo ou ativo, e de acordo com as pilhas de protocolos de rede [12]. Esta classificação é importante porque o atacante pode explorar a rede como ataque interno, externo ou/e como ataque ativo ou passivo contra a rede.

2.9.1 Ataque ativo e passivo

Os atacantes em ataques passivos não perturbam as operações normais da rede [12,26]. No ataque passivo, o atacante escuta a rede para obter informações sobre o que se está a passar na rede. O atacante escuta a rede para saber e compreender como os nós estão a comunicar entre si e como estão localizados na rede. Um ataque passivo obtém os dados trocados na rede sem perturbar o funcionamento das comunicações.

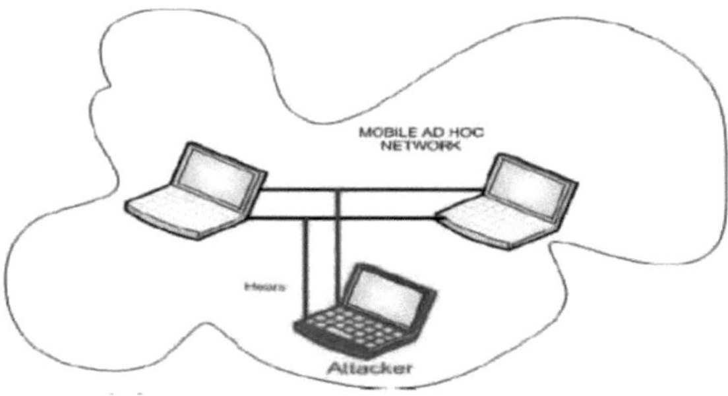

Fig (2.5) ataque passivo[26]

No ataque ativo, o atacante perturba o desempenho da rede, rouba informações importantes e tenta destruir os dados durante o intercâmbio na rede. Um ataque ativo envolve a interrupção, a modificação ou a fabricação de informações, perturbando assim o funcionamento normal de uma MANET.

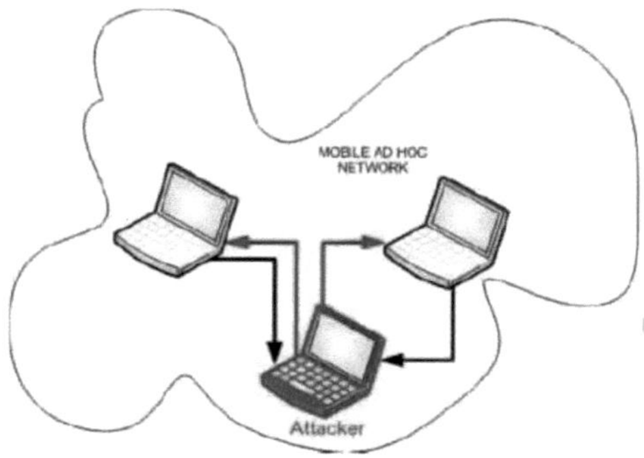

Fig (2.6) ataque ativo[26]

A tabela (2.1) apresenta a taxonomia geral dos ataques de segurança contra as MANET.

Tabela (2.1) Classificação dos ataques à segurança

Passivo Ataques	Escutas, análise de tráfego, monitorização
Ativo Ataques	Interferência, falsificação, modificação, repetição, negação de serviço (DoS).

2.9.2 Ataque externo e interno

Os ataques também podem ser classificados em duas categorias, nomeadamente ataques externos e ataques internos, de acordo com o domínio dos ataques [12,26]. Os ataques externos são efectuados por nós que não pertencem ao domínio da rede. Os ataques internos provêm de nós comprometidos, que fazem efetivamente parte da rede. Os ataques internos são mais graves quando comparados com os ataques externos, uma vez que o informador interno conhece informações valiosas e secretas e possui direitos de acesso privilegiados.

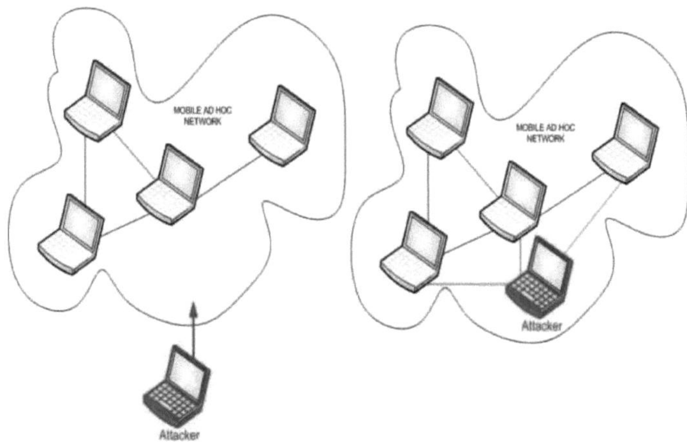

Fig (2.8) ataque interno e externo[26]

2.9.3 Pilha de protocolos de rede

Os ataques também podem ser classificados de acordo com as pilhas de protocolos de rede. A tabela (2.2) apresenta um exemplo de classificação dos ataques à segurança com base na pilha de protocolos; alguns ataques podem ser lançados em várias camadas [12].

Tabela (2.2) Ataques de segurança a pilhas de protocolos

Camada	**Ataques**
Camada de	Repúdio, corrupção de dados

aplicação	
Camada de transporte	Sequestro de sessão, inundação de SYN
Camada de rede	Wormhole, Black Hole, Byzantine, flooding, consumo de recursos, ataques de divulgação de localização
Camada de ligação de dados	Análise de tráfego, monitorização, MAC de perturbação (802.11), Fraqueza do WEP
Camada física	Bloqueio, intercepções, escutas
Ataques multicamadas	DoS, falsificação de identidade, repetição, man-in-the-middle

Capítulo 3

Simulação do ataque Black Hole no protocolo de encaminhamento AODV

3.1 Introdução

Neste capítulo, descrevemos o protocolo AODV e mostrámos como o ataque Black Hole faz com que o protocolo se comporte mal. Os efeitos do ataque Black Hole são avaliados nas redes ad-hoc sem fios. Para isso, o ataque Black Hole é simulado em cenários de redes ad-hoc sem fios que incluem o nó Black Hole, utilizando o programa Network Simulator. Para simular o nó Black Hole numa rede ad-hoc sem fios, modifica-se o AODV para implementar o comportamento do Black Hole, que deixa cair todos os pacotes de dados depois de os atrair para si. O Simulador de Rede (NS-2) e a modificação do protocolo AODV para implementar o ataque Black Hole são apresentados neste capítulo.

3.2 Protocolo de encaminhamento Ad-hoc On-Demand Distance Vetor (AODV)

O algoritmo Ad hoc On-Demand Distance Vetor (AODV) permite um encaminhamento dinâmico, auto-iniciado e multi-hop entre nós móveis participantes que pretendam estabelecer e manter uma rede Ad hoc. O AODV permite que os nós móveis obtenham rapidamente rotas para novos destinos e não exige que os nós mantenham rotas para destinos que não estejam em comunicação ativa. O AODV permite que os nós móveis respondam atempadamente a quebras de ligação e a alterações na topologia da rede. O protocolo de encaminhamento Ad-hoc On-Demand Distance Vetor (AODV) [13] é utilizado para encontrar um caminho para o destino numa rede ad-hoc. Para encontrar o caminho para o destino, todos os nós móveis trabalham em cooperação utilizando as mensagens de controlo de encaminhamento.

Os números de sequência são utilizados pelo AODV para identificar as informações de encaminhamento mais recentes. Cada nó mantém o seu próprio número de sequência, incrementando-o antes de enviar uma nova mensagem RREQ ou RREP. Os números de sequência são incluídos nas mensagens de encaminhamento e registados nas tabelas de encaminhamento. O AODV favorece as informações mais recentes, pelo que os nós actualizam a sua tabela de encaminhamento sempre que recebem uma mensagem com um número de sequência mais elevado (um número maior refere-se a informações mais recentes) ou uma contagem de saltos mais pequena (a contagem de saltos mais pequena refere-se a um caminho mais curto) do que a existente na tabela de encaminhamento para um determinado destino. No entanto, é dada maior prioridade a um número de sequência do que a uma contagem de saltos. Ou seja, uma rota com informações mais recentes é favorecida, mesmo que seja mais longa [13,35].

Os números de sequência funcionam como selos temporais. Permitem que os nós comparem o quão "recente" é a sua informação para os outros nós. Sempre que um nó envia qualquer tipo de mensagem, aumenta o seu próprio número de sequência. Cada nó regista o número de sequência de todos os outros nós com quem fala. Um número de sequência mais elevado significa uma rota mais recente. Assim, é possível que os outros nós descubram qual deles tem informações mais exactas.

O número de sequência é um valor inteiro sem sinal de 32 bits (ou seja, 4294967295). Se o número de sequência do nó atingir o número de sequência mais elevado possível, 2494967295, será reposto a zero (O). Se o resultado da subtração do número de sequência atualmente armazenado num nó e o número de sequência da mensagem de controlo de rota AODV recebida for inferior a zero, o número de sequência armazenado é alterado pelo número de sequência da mensagem de controlo recebida.

Existem os seguintes campos em cada entrada da tabela de rotas do AODV [37]:

- ***Endereço IP de destino***: O endereço IP do destino para o qual é fornecida uma rota.

- ***Número de sequência do destino***: está associado à rota.

- ***Próximo salto*** : O próprio destino ou um nó intermédio designado para encaminhar os pacotes para o destino.

- ***Contagem de saltos*** : O número de saltos desde o endereço IP de origem até ao endereço IP de destino.

- ***Tempo de vida*** **:** O tempo, em milissegundos, durante o qual os nós que recebem o RREP consideram a rota válida.

- ***Bandeiras de encaminhamento*** : O estado da rota; ascendente (válido), descendente (não válido) ou em reparação.

Route Requests (RREQs), Route Replay (RREPs), Route Errors (RERRs) e (Hello)[13,26] são mensagens de controlo utilizadas para o estabelecimento de um caminho até ao destino, enviadas através de protocolos UDP/IP. O conjunto básico de mensagens é composto por:

- **Mensagem de pedido de rota (RREQ):** O nó fonte que precisa de comunicar com outro nó da rede transmite a mensagem RREQ[26]. O AODV inunda a mensagem RREQ, utilizando a técnica do anel em expansão[38]. Há um valor de tempo de vida (TTL) em cada mensagem RREQ, o valor de TTL indica o número de saltos que o RREQ deve ser transmitido. Enquanto as rotas de comunicação entre os nós forem válidas, o AODV não desempenha qualquer papel.

- **Mensagem de resposta ao itinerário (RREP):** Quando um RREQ chega a um nó de destino, a rota de destino é disponibilizada unicasting um RREP de volta para a rota de origem .Um nó gera um RREP se ele próprio é o destino ou tem uma rota ativa para o destino. Ex: um nó intermédio pode também responder com um RREP se tiver uma rota "suficientemente recente" para o destino[26].

- **Mensagem de erro de rota (RERR):** Cada nó da rede monitoriza o estado da ligação aos nós vizinhos durante as rotas activas. Quando o nó detecta uma quebra de ligação numa rota ativa, a mensagem (RERR) é gerada pelo nó para notificar os outros nós de que a ligação está em baixo[26].

- **Mensagens Hello** Embora o AODV seja um protocolo reativo, utiliza periodicamente as mensagens Hello para informar os seus vizinhos de que a ligação ao anfitrião está ativa. As mensagens Hello são difundidas com TTL igual a 1, para que a mensagem não seja reencaminhada. Quando o anfitrião recebe a mensagem Hello, actualiza a informação sobre o tempo de vida do anfitrião na tabela de encaminhamento. Se o anfitrião não receber informações do seu vizinho durante um determinado período de tempo, as informações de encaminhamento na tabela de encaminhamento são marcadas como perdidas. Esta ação gera a mensagem RRER necessária para informar os outros anfitriões da quebra de ligação [36].

A informação do cabeçalho destas mensagens de controlo é explicada em [13]. A figura (3.1) mostra os pacotes de controlo do AODV.

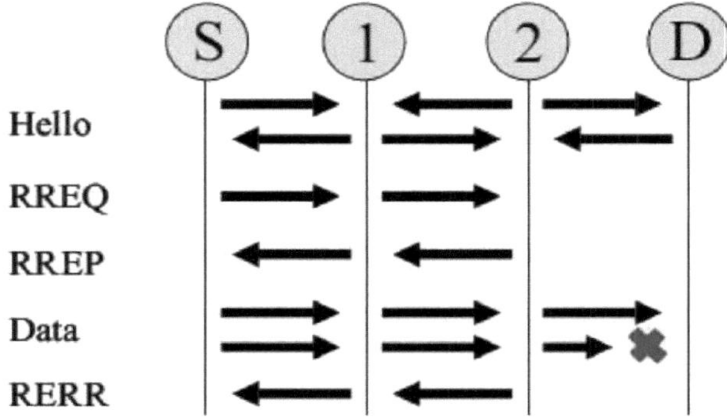

Fig (3.1) Pacotes de controlo do AODV

1.1.1 Mecanismo de descoberta de rotas no AODV

Quando um nó "A" quer iniciar uma transmissão com outro nó "G", como mostra a Fig. 3.2, gera uma mensagem de pedido de rota (RREQ). Esta mensagem é propagada através de uma inundação limitada a outros nós. Esta mensagem de controlo é reencaminhada para os nós vizinhos e estes reencaminham a mensagem de controlo para os nós dos seus vizinhos. Este processo de procura do nó de destino continua até se encontrar um nó que tenha uma rota suficientemente recente para o destino ou um nó de destino que esteja localizado. Uma vez localizado o nó de destino ou um nó intermédio com rotas suficientemente frescas, estes geram uma mensagem de controlo de resposta à rota (RREP) para o nó de origem. Quando o RREP chega ao nó de origem, é estabelecida uma rota entre o nó de origem "A" e o nó de destino "G". Uma vez estabelecida a rota entre "A" e "G", os nós "A" e "G" podem comunicar entre si. A figura 3.2 mostra a troca de mensagens de controlo entre o nó de origem e o nó de destino[26].

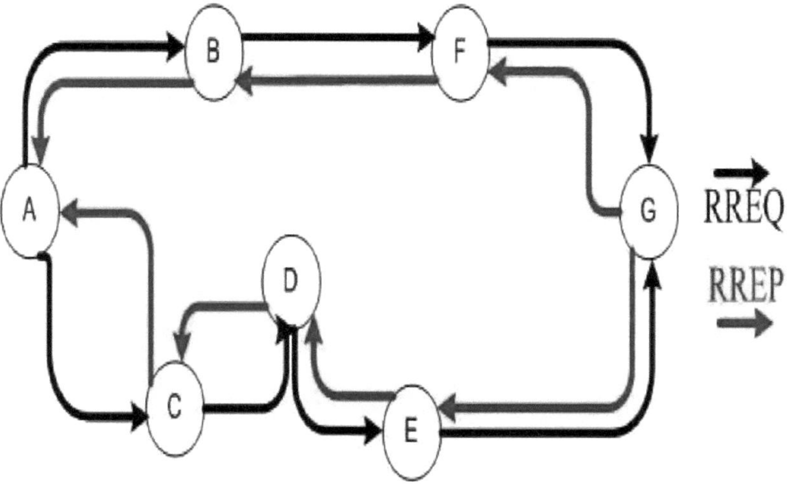

Fig (3.2) AODV Route Discovery[26]

1.1.2 Manutenção da rota no AODV

Quando uma ligação é interrompida ou uma ligação entre destinos é quebrada, o que torna uma ou mais ligações inalcançáveis a partir do nó de origem ou dos nós vizinhos, a mensagem RERR é enviada para o nó de origem. Sempre que um nó recebe uma mensagem RERR, examina a tabela de encaminhamento e remove todas as rotas que contêm os nós com problemas[14]. Quando a mensagem RREQ é difundida para localizar o nó de destino, ou seja, do nó "A" para os nós vizinhos, no nó "E" a ligação entre "E" e "G" é interrompida, pelo que é gerada uma mensagem RERR de erro de rota no nó "E" e transmitida ao nó de origem, informando-o de um erro de rota, sendo "A" o nó de origem e "G" o nó de destino. O esquema é apresentado na Fig. 3.3 abaixo[26].

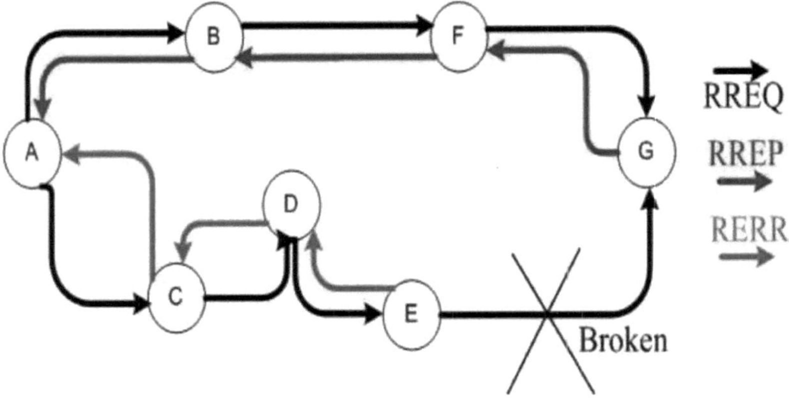

Fig(3.3) Manutenção da rota no AODV[26]

3.3 Descrição do Black Hole Attack

As MANET são vulneráveis a vários ataques. Os tipos gerais de ataque são as ameaças contra as camadas física, MAC e de rede, que são as camadas mais importantes que funcionam para o mecanismo de encaminhamento da rede ad hoc. Os ataques na camada de rede têm geralmente dois objectivos[15]: não encaminhar os pacotes ou acrescentar e alterar alguns parâmetros das mensagens de encaminhamento, como o número de sequência e a contagem de saltos. Um ataque básico que um adversário pode executar é deixar de encaminhar os pacotes de dados. Consequentemente, quando o adversário é selecionado como rota, impede que a comunicação se realize.

As MANET são vulneráveis a muitos ataques, um dos quais é o ataque Black Hole. O ataque Black Hole é um tipo de ataque ativo[16]. Num ataque Black Hole, o nó malicioso espera que os nós vizinhos enviem mensagens RREQ. Quando o nó malicioso recebe uma mensagem RREQ, sem verificar a sua tabela de encaminhamento, envia imediatamente uma mensagem RREP falsa que dá uma rota para o destino sobre si próprio, dá um número de sequência elevado para fazer a entrada na tabela de encaminhamento do nó vítima, antes de outros nós enviarem um RREP verdadeiro. Assim, os nós requerentes assumem que o processo de descoberta de rotas está concluído e ignoram outras mensagens RREP e começam a enviar pacotes de dados através do nó malicioso. Um nó malicioso adopta todas as rotas em direção a si próprio. Não permite o reencaminhamento de qualquer pacote para qualquer lado. Este ataque é designado por "buraco negro", pois engole todos os objectos, ou seja, os pacotes de dados.

Existem dois comportamentos principais que o nó Black Hole possui de facto[16]. São os seguintes:

- O nó Black Hole anuncia-se a si próprio mostrando um número de sequência de destino maior ou mais elevado possível. Como se sabe, um número de sequência maior significa que a rota é nova e mais recente para um determinado destino. Desta forma, o nó malicioso engana o nó de origem, que pretende iniciar a comunicação.
- É um ataque DoS ativo em MANET, que intercepta todos os pacotes de entrada de uma fonte pretendida. Um nó Black Hole absorve o tráfego da rede e deixa cair todos os pacotes.

Para explicar o ataque Black Hole, foi adicionado um nó malicioso que exibe o comportamento Black Hole na Fig(3-4).

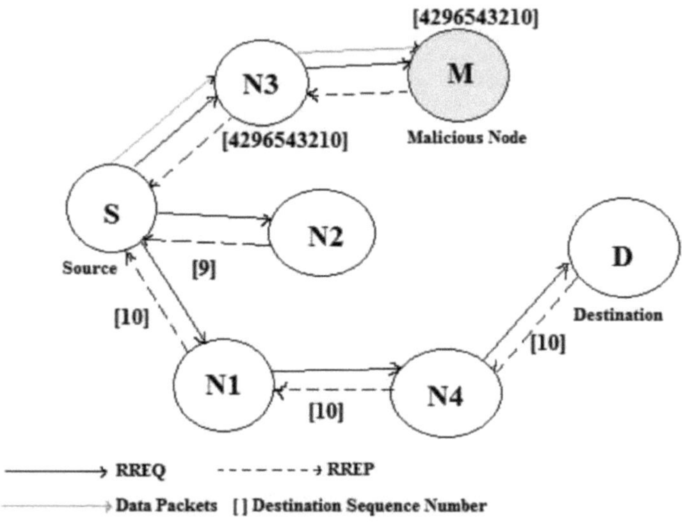

Fig (3.4) Ilustração do ataque Black Hole[1]

Neste cenário mostrado na Fig. 3.4, o nó M é o nó malicioso. Quando o nó S transmite a mensagem RREQ para o nó D, os nós N3, N2 e N3 recebem a mensagem RREQ. Uma vez que os nós Nl, N2 e N3 não têm uma rota para o nó D, voltam a transmitir a mensagem de controlo RREQ. Espera-se que a mensagem de controlo RREQ difundida pelo nó N3 seja também recebida pelo nó M (que se presume ser um nó malicioso).

Assim, o nó M, sendo um nó malicioso, geraria uma falsa mensagem de controlo RREP e enviá-la-ia para o nó N3 com um número de sequência de destino muito elevado, que subsequentemente seria enviado para o nó S. No entanto, no AODV simples, como o número de sequência de destino é elevado, a rota do nó N3 será considerada mais fresca e, por conseguinte, o nó S começaria a enviar pacotes de dados para o nó N3[1].

3.4 Simuladores NS-2

O NS2 é um simulador de código aberto orientado para eventos, concebido especificamente para a investigação em redes de comunicações informáticas [17]. Desde a sua criação em 1989, o NS2 tem vindo a suscitar um enorme interesse por parte da indústria, do meio académico e do governo. Tendo estado sob constante investigação e melhoramento durante anos, o NS2 contém atualmente módulos para numerosos componentes de rede, como encaminhamento, protocolo da camada de transporte, aplicação, etc. Para investigar o desempenho da rede, os investigadores podem simplesmente utilizar uma linguagem de script fácil de utilizar para configurar uma rede e observar os resultados gerados pelo NS2. Sem dúvida, o NS2 tornou-se o simulador de rede de código aberto mais utilizado e um dos simuladores de rede mais utilizados [19]. As organizações de investigação, as universidades e as empresas comerciais fizeram um grande esforço para desenvolver software de simulação de rede sofisticado. Testar um protocolo recentemente desenvolvido num banco de ensaio real é um passo indispensável antes da sua implementação [18].

Existem muitos simuladores, como o Network Simulator 2 (NS-2), o OPNET Modeler, o GloMoSim e o OMNeT++. A tabela (3.1) mostra a comparação entre quatro simuladores com base em diferentes factores [20]. O NS-2 é amplamente utilizado na comunidade de investigação. Foi desenvolvido através de contribuições da comunidade de investigação, bem como da DARPA, Xerox, etc., e está disponível gratuitamente.

Tabela (3.1) Comparação entre Simuladores

Factor	Opnet	Glomosim/QualNet	Ns-2	OMNet
Topology definition Language/Model	Proto-C, OO models	Parsec, C	C++ and OTcl	Flat files,C++
Input/output definition	GUI based editor,Proto-C	Flat files	OTcl based files	Flat files
OSI layers	Available	Available	Available	Basic modules
Radio propagation Models	Available	Unknown	Available	Not available
Traffic generation	Available	Unknown	Available	Not avialable
Modifiability	Moderate	Not so esay	Complex	Good
Licensing	Commercial	Free for universities	Public domain	Public domain
Scientific acceptance	Reasonable	Good	Very good	Reasonable

O núcleo do NS-2 é escrito em C++, e estava disponível para diferentes plataformas. No entanto, os utilizadores interagem com o NS-2 escrevendo scripts TCL. Estes devem conter todos os comandos necessários para executar a simulação (por exemplo, configurar a topologia, especificar os parâmetros sem fios, etc.). Uma simulação NS-2 sem fio típica produz um arquivo de rastreamento de eventos e um arquivo de rastreamento de animação que é usado pelo utilitário NAM incluído para fornecer animação da simulação. O ficheiro de rastreio de eventos inclui a fila de pacotes (para transmissão), a fila de pacotes (encaminhamento), a queda de pacotes e a receção de pacotes [22]. Para cada objeto em C++ existe um objeto TCL correspondente que permite aceder e modificar as propriedades da simulação durante o tempo de simulação. Como se vê na Fig (3.5).

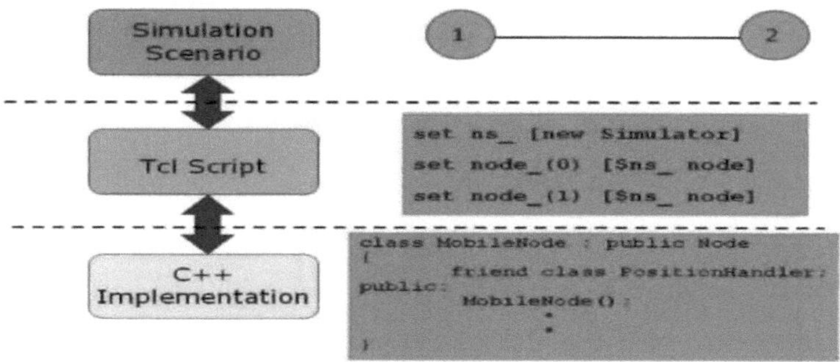

Depois de concluída a simulação, quase, a forma como o NS-2 é utilizado para apresentar a informação mais detalhada sobre as camadas da rede. Por conseguinte, fornece-nos um enorme ficheiro de rastreio que regista todos os eventos linha a linha nas camadas da rede. A principal razão para a utilização do mecanismo de eventos no NS-2 é que este mantém os acontecimentos como registos e estes registos podem ser utilizados para avaliar o desempenho de partes especiais de uma rede, como o protocolo de encaminhamento, a carga da camada Mac, etc.[19].

3.4.1 Arquitetura básica do NS2

O NS é um programa de simulação de rede orientado para eventos, desenvolvido na Universidade da Califórnia em Berkley, que inclui muitos objectos de rede, como protocolos, aplicações e comportamento da fonte de tráfego. O NS2 é composto por duas linguagens principais: C++ e Object-oriented Tool Command Language (OTcl). Enquanto o C++ define o mecanismo interno (ou seja, um backend) dos objectos de simulação, o OTcl estabelece a simulação montando e configurando os objectos, bem como programando eventos discretos (ou seja, um frontend). O C++ e o OTcl são ligados entre si utilizando o TclCL [19]. NS usa duas linguagens porque o simulador tem dois tipos diferentes de coisas que precisa de fazer. Por um lado, as simulações detalhadas de protocolos requerem uma linguagem de programação de sistemas que possa manipular eficientemente bytes, cabeçalhos de pacotes e implementar algoritmos que funcionem em grandes conjuntos de dados. Para estas tarefas, a velocidade de execução é importante e o tempo de execução (executar a simulação, encontrar o erro, corrigir o erro, recompilar, voltar a executar) é menos importante. Por outro lado, uma grande parte da investigação sobre redes envolve a variação ligeira de parâmetros ou configurações, ou a exploração rápida de vários cenários. Nestes casos, o tempo de iteração (alterar o modelo e voltar a executar) é mais importante.

Uma vez que a configuração é executada uma vez (no início da simulação), o tempo de execução desta parte da tarefa é menos importante. *O NS-2* atende a essas duas necessidades com duas linguagens, C++ e OTcl. O C++ é rápido de executar, mas mais lento de alterar, tornando-o adequado para a implementação detalhada de protocolos. A OTcl é muito mais lenta, mas pode ser alterada muito rapidamente (e de forma interactiva), o que a torna ideal para a configuração de simulações. O NS (através do tclcl) permite que objectos e variáveis apareçam em ambas as linguagens [17]. A Fig (3.6) mostra a arquitetura básica do NS2 [19].

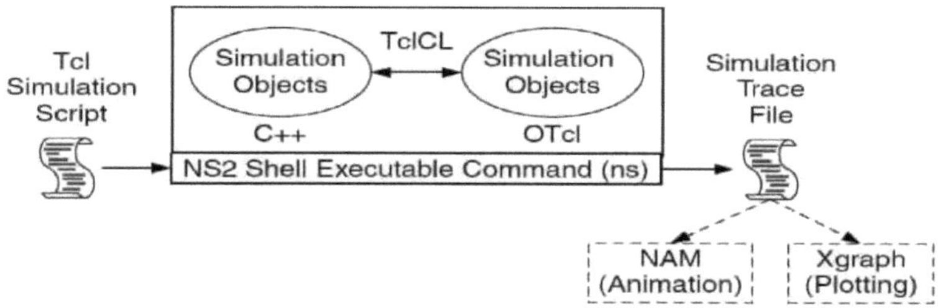

Fig (3.6) Arquitetura básica do SNS[19]

Após a simulação, o NS2 apresenta resultados de simulação baseados em texto ou em animação. Para interpretar estes resultados de forma gráfica e interactiva, são utilizadas ferramentas como o NAM (Network Animator) e o XGraph. Para analisar um determinado comportamento da rede, os utilizadores podem extrair um subconjunto relevante de dados baseados em texto e transformá-lo numa apresentação mais concebível.

3.4.2Modificando o protocolo de roteamento no NS-2

Os protocolos de encaminhamento no NS-2 são implementados em C++ e os parâmetros de simulação para estes protocolos de encaminhamento são dados na linguagem de script TCL. Basicamente, cada protocolo de encaminhamento no NS-2 tem um diretório com o seu nome (por exemplo, o diretório AODV). Cada diretório de protocolo de encaminhamento contém pelo menos cinco ficheiros e pode ser organizado da seguinte forma, de acordo com as necessidades do projetista:

1. ***protocolname.h*:** Este é o ficheiro de cabeçalho onde serão definidos todos os temporizadores necessários (se existirem) e o agente de encaminhamento que executa a funcionalidade do protocolo.

2. ***protocolname.cc***: Neste ficheiro estão implementados todos os temporizadores, agente de encaminhamento e hooks TCL.

3. ***nome do protocolo pkt.h:*** Aqui são declarados todos os pacotes que o protocolo protocol name precisa de trocar entre nós na MANET.

4. ***nome do protocolo rtable.h:*** Ficheiro de cabeçalho onde é declarada a tabela de encaminhamento.

5. ***nome do protocolo rtable.cc:*** Implementação da tabela de encaminhamento.

A explicação acima é uma visão física do protocolo de encaminhamento (ficheiros). O outro lado está relacionado à implementação lógica (classes). No NS-2, para implementar o protocolo de roteamento, um agente é criado e herdado da classe ***Agent***. Os agentes de uma camada de rede representam endpoints para pacotes construídos ou consumidos, e são usados na implementação de protocolos em várias camadas. Esta é a principal classe que tem de ser codificada para implementar um novo protocolo de encaminhamento. A classe Agent oferece uma ligação com a interface TCL, pelo que será possível controlar um protocolo de encaminhamento através de scripts de simulação escritos em TCL [21].

O protocolo de encaminhamento deve definir pelo menos um novo tipo de pacote, que representará o formato dos seus pacotes de controlo. Esses tipos de pacotes são definidos em ***protocolname/protocolname pkt.h***. Quando o protocolo precisa enviar pacotes periodicamente ou após algum tempo da ocorrência de um evento, é muito útil contar com uma classe Timer. Timers também são úteis em muitos outros casos. Imagine que o protocolo precisa de armazenar algum tipo de informação interna que deve ser eliminada num determinado momento. A melhor solução é criar um temporizador personalizado capaz de efetuar essa tarefa.

Existe outra classe importante, a classe ***Trace***, que é a base para escrever ficheiros de registo com informações sobre o que aconteceu durante a simulação.

3.5 Adicionar o comportamento Black Hole no protocolo AODV

Neste ataque, um nó malicioso recebe o pacote RREQ e responde-lhe sem conhecer o caminho e sem ter detalhes sobre o caminho ou o destino. De acordo com as caraterísticas do AODV e do ataque Black Hole, o processo de ataque Black Hole é o seguinte Depois de receber os pedidos de encaminhamento enviados a um nó, o nó de ataque Black Hole não visualiza a tabela de encaminhamento para saber se a rota para o nó de destino, encaminha ou responde a um RREP. Em vez disso, recebe um RREQ e responde imediatamente a um pacote de resposta de rota RREP, dizendo que o nó malicioso tem um caminho ótimo para chegar ao nó de destino. E quando o pacote do nó de ataque Black Hole é recebido, tudo se perde, formando assim um ataque como um Black Hole. O nó malicioso tenta enganar os nós que enviam esse pacote RREP. O número de sequência mais elevado do protocolo AODV é 4294967295. Os valores do pacote RREP que o nó malicioso enviará são descritos abaixo. O número de sequência é definido como 4294967295 e a contagem de saltos é definida como 1. O principal objetivo da escolha deste valor do número de sequência nos pacotes RREP falsos é que o número de sequência é um número inteiro sem sinal de 32 bits cujo número mais elevado é 4294967295. Quando o nó malicioso envia esta informação no RREP, quando um nó intermédio actualiza a sua própria tabela de encaminhamento utilizando a informação dos pacotes RREP falsos recebidos do nó malicioso na fase seguinte de descoberta de dados noutra sessão na rede, o número de sequência é incrementado, uma vez que o número de sequência mais elevado, quando incrementado, é reposto a zero. Quando o nó de origem recebe outro pacote RREP, compara o número de sequência e seleciona o número de sequência mais elevado. Desta forma, o nó malicioso garante que absorve o tráfego para si próprio. A mensagem RREP falsa do ataque Black Hole é mostrada na Fig (3.7).

```
sendReply(rq->rq_src,                // IP Destination
          1,                         // Hop Count
          rq->rq_dst,                // Src IP Address
          4294967295,                // Dest Sequence Num
          MY_ROUTE_TIMEOUT,          // Lifetime
          rq->rq_timestamp);         // timestamp
```

Fig (3.7)falseRREP

Quando um pacote é recebido pela função "*recv*" do " *aodv/aodv.cc* ", este processa os pacotes com base no seu tipo. Se o pacote recebido for um pacote de dados, o protocolo AODV envia-o normalmente para o endereço de destino, mas, comportando-se como um buraco negro, deixa cair todos os pacotes de dados desde que o pacote não chegue a si próprio. No código abaixo, a primeira condição "*if*" permite que o nó receba pacotes de dados se for o destino. A condição "*else*" descarta todos os pacotes restantes.

```
if ((u_int32_t)ih->saddr()==index)
forward((aodv_rt_entry*) 0,p,NO_DELAY);
|
else
drop(p, DROP_RTR_BLACKHOLE);
}
```

Fig (3.8) Declaração "If" para descartar ou aceitar os pacotes

Depois de todas as alterações estarem concluídas, o NS-2 recompilou para criar ficheiros de objectos. Terminada a compilação, um novo banco de testes para simular o ataque Black Hole no protocolo AODV está pronto para ser usado.

3.6 Teste do buraco negro no AODV

A implementação sugerida do Buraco Negro é testada para verificar se está a funcionar corretamente ou não. Para garantir que a implementação está a funcionar corretamente, é utilizada a aplicação NAM (Network Animator) do NS. Para testar a implementação, são utilizadas duas simulações. No primeiro cenário, Fig. (3.9), não foi utilizado qualquer nó Black Hole (o nó malicioso que efectua o ataque Black Hole será designado por "nó Black Hole"). No segundo cenário, Fig. (3.10), foi adicionado à simulação um nó "Black Hole". Em seguida, foram comparados os resultados das simulações efectuadas com o NAM.

É gerada uma rede de pequena dimensão com 7 nós e é criada uma ligação UDP entre o Nó 0 e o Nó 5, e é anexada uma aplicação CBR (Constant Bit Rate) que gera pacotes constantes através da ligação UDP. O tamanho do pacote CBR é escolhido para ser de 512 bytes e a taxa de dados é definida para 1 Mbyte. A duração dos cenários é de 100 segundos e as ligações CBR começam num tempo igual a 5,0 segundos e continuam até ao fim da simulação, num espaço plano de 1000 x 1000 metros. As posições apropriadas dos nós são definidas manualmente para mostrar o fluxo de dados. O script Tcl contém um AODV Black Hole para a primeira simulação, como mostrado no Apêndice A.

No primeiro cenário da Fig (3.9), em que não existe um nó de buraco negro, a ligação entre o nó 0, rotulado como "src", e o nó 5, rotulado como "dst", é corretamente efectuada através dos nós intermédios 2,3,4 quando se observa a animação da simulação, utilizando o NAM.

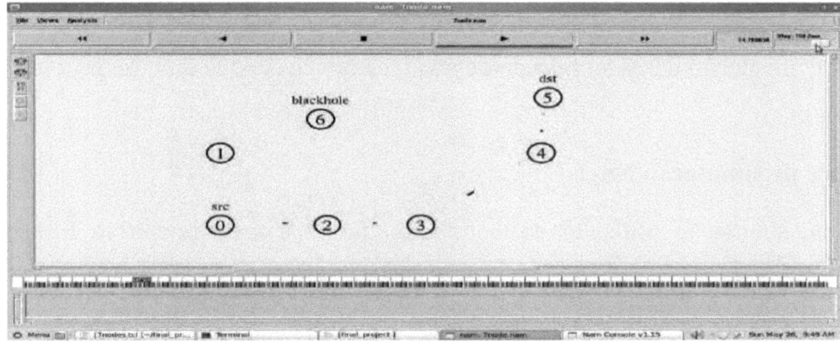

Fig (3.9) Fluxo de dados entre o nó 0 e o nó 5 através dos nós 2 ,3 ,4 sem ataque Black Hole .

No segundo cenário, o comportamento Black Hole é adicionado ao Nó 6 na seguinte declaração no script TCL.

```
$ns_ at 0.0 "[$node_(6) set ragent_] hacker"
```

O Nó 6, sendo um Nó Buraco Negro, absorve os pacotes na ligação do Nó 0 ao Nó 5. A Fig(3.10) mostra como o nó buraco negro absorve o tráfego.

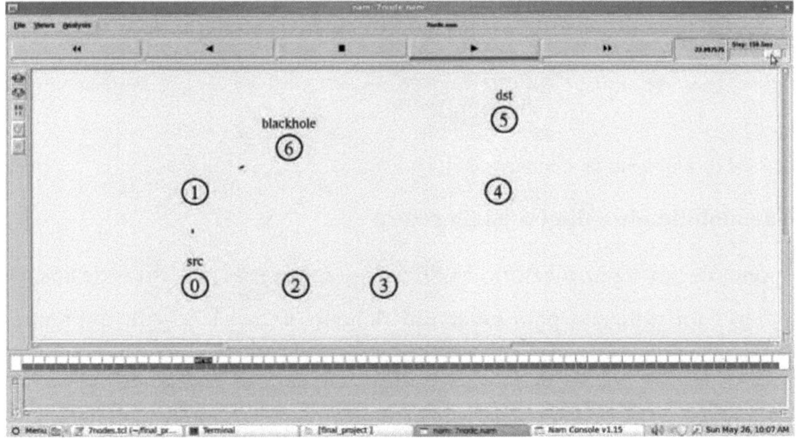

Fig (3.10) O nó 6 (nó Black Hole) absorve a ligação entre o nó O e o nó 5 e deixa cair todos os pacotes de dados.

Nos testes anteriores, pode assegurar-se que a implementação do Black Hole está a funcionar corretamente. Em seguida, foi realizada a simulação real, que será descrita na secção seguinte. Como não se consegue ver facilmente os efeitos do Nó Buraco Negro no grande número de Nós e ligações, vai-se realizar na simulação real, que teve de testar a implementação numa simulação de pequena dimensão que tem um pequeno número de nós.

3.7 Ambiente de simulação NS-2

O ambiente de simulação utilizado neste trabalho foi o sistema operativo Linux (MINT). A ferramenta de simulação utilizada é o NS- 2 (versão 2.34). A Fig (3.11) mostra uma visão geral do ambiente de simulação.

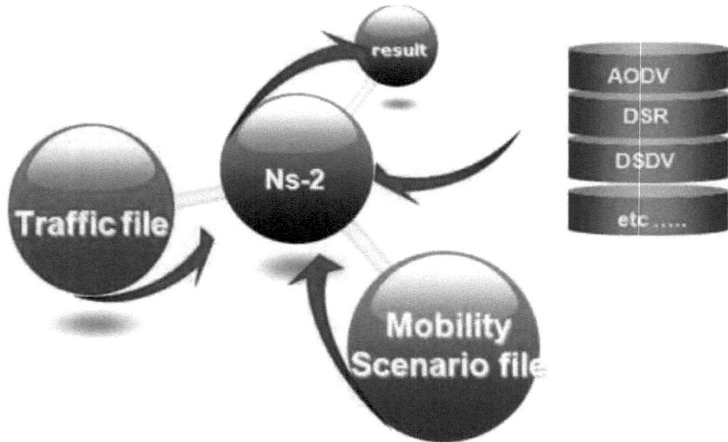

Fig (3.11) Vista geral do ambiente de simulação[24]

3.7.1 Modelo de mobilidade e dimensão da rede

O modelo de ponto de passagem aleatório é utilizado para gerar movimentos de nós. O comando "Setdest" foi utilizado para gerar um ficheiro de cenário para diferentes números de nós com uma área quadrada (1000 X 1000) m.

A mobilidade de ponto de passagem aleatório é a mais popular na simulação de redes, em que cada nó móvel segue o processo de fazer uma pausa num local, selecionar um ponto de passagem aleatoriamente e, em seguida, deslocar-se para esse local com uma velocidade escolhida aleatoriamente entre dois números, repetindo depois este ciclo até ao final da simulação. Em todos os cenários, cada nó inicia a sua viagem de um local aleatório para um destino aleatório com uma velocidade escolhida aleatoriamente.

Para gerar aleatoriamente um padrão de mobilidade de acordo com o seguinte comando:

- ./setdest –n *<num_of_nodes>* -p *<pause_time>* -M *<max_speed>* -t *<simulation_time>* -x *<max_x>* -y *<max_y>* > *<trace_filename>*

3.7.2Modelo de tráfego

O gerador de modelos de tráfego será aplicado para determinar a origem do tráfego, o número máximo de ligações entre nós e a taxa de transformação. O modelo de tráfego pode ser selecionado como Constant Bit Rate (CBR), em que o tamanho do pacote será escolhido como 512. O CBR é um modelo de comunicação de rede e existe outro modelo chamado Variable Bit Rate (VBR). Estes modelos são básicos para definir a comunicação sem fios entre nós móveis, de modo a permitir a simulação dos vários protocolos de encaminhamento. A ideia principal é selecionar aleatoriamente pares de nós como fontes e destinos. O gerador de tráfego está incorporado no NS-2.

Os parâmetros de simulação que foram utilizados nos cenários de simulação e os seus valores são apresentados na Tabela (3.2).

Tabela (3.2) Parâmetros de simulação

Parâmetro	**Valor**
Número total de nós	100
Tempo de simulação	100 segundos
Tempo de pausa	2 segundos
Dimensão do ambiente	1000 m X 1000 m

Tamanho do pacote	512 Kbyte
Tráfego	RBC
Número de nósBlack Hole	5
Gama de transmissão	250 m
Velocidade	5m/s
Protocolo de encaminhamento	AODV
Ligações máximas	5
Simulador	Simulador de rede (NS-2) versão 2.35

O principal objetivo da escolha dos valores na tabela (3.2) é estudar um caso específico para analisar os efeitos do ataque Black Hole no protocolo de encaminhamento AODV.

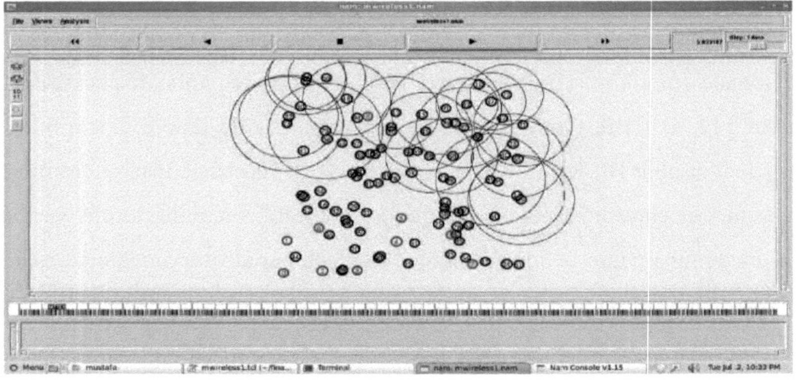

Fig (3-12) exemplo de ambiente de simulação

3.8 Examinar o ficheiro de rastreio e obter os resultados

O NS-2 gera um ficheiro de traços de comunicação e um ficheiro NAM (Network animator) como saída. Os resultados da simulação são obtidos a partir do ficheiro de traços de saída dos scripts Tcl, que tem a extensão .tr. O ficheiro NAM anima os traços derivados da simulação e analisa os eventos para compreender o comportamento da rede, que tem a extensão .nam. Os ficheiros de rastreio incluem todos os eventos da simulação, incluindo quando os pacotes são enviados, que nó os gerou, que nó os recebeu, que tipo de pacote é enviado, se é descartado e porque é descartado, etc. Nesta tese, simula-se o formato de ficheiro de rastreio normal, que é utilizado nas redes sem fios e inclui informações detalhadas sobre os eventos. A amostra do ficheiro de rastreio normal é apresentada no Apêndice B.

Existe outro tipo de formato de ficheiro de traço "new-trace", mas este trabalho utilizou o formato normal de ficheiro de traço que inclui todas as informações necessárias para o trabalho. Enquanto a saída do NS-2 (ficheiro de rastreio) para a simulação completa, o ficheiro de rastreio é essencialmente um ficheiro de texto que compila uma grande quantidade de informações. É necessário compreender os dados fornecidos nos diferentes campos (colunas) do ficheiro de rastreio para extrair as informações adequadas. No Apêndice C [22] são apresentados todos os pormenores relacionados com o formato normal do ficheiro de rastreio.

Uma amostra típica de tais dados é mostrada abaixo:

s 606.210364161 _39_ RTR - 1306 AODV 44 [13a a 27 800] -----------------

[39:255 8:255 255 8] 2[0 0][0 0 0 0->0] [1 1 8 39->10]

A explicação do que significa cada valor é a seguinte: **s**: significa enviar

606.210364161: significa carimbo de data/hora

_**39**_: significa id do nó

RTR: significa mensagem do encaminhador **1306**: significa identificação deste pacote

AODV: significa agente AODV

44: significa o tamanho no cabeçalho comum hdr_cmn()

[13a a 27 800] Detalhe do MAC: 13a: significa o tempo de transmissão previsto (note-se que o tamanho do pacote é grande, 44 bytes, 314 segundos)

a: significa o nó recetor: 10

27: significa que o nó emissor é 39

800: significa cabeçalho IP: 0x0800,

(ETHERTYPE_ARP é 0x0806)

[39:255 8:255 255 8] IP detail: src address: IP 39 significa 0.0.0.39

porta 255

endereço dst: IP 8 significa 0.0.0.8

porta 255

TTL: 255

Salto seguinte: 8

2[0 0][0 0 0 0 0->0] [1 1 8 39->10] Dado relativo a DSR:

2: num_addrs()

[0 0] opção route-request, isto não é um pedido de rota, o segundo 0 é rotulado

para o número sequencial

[0 0 0 0 0->0] opção route-reply: [" route-reply?" "Rreq seqno" "comprimento da resposta"

"dst da rota src", "src da rota src"]

[1 1 8 39->10], 1: mostra que se trata de um erro de rota

1: número de erros de rota

8: tp notify node 8.

39->10: a ligação39-10 está avariada

3.9 Software AWK

O nome AWK deriva dos apelidos dos seus autores Alfred Aho, Peter Weinberger e Brian **Kernighan** [24]. AWK é um programa usado para ler dados brutos do arquivo de rastreamento (saída do NS-2) para gerar métricas de simulação (packet delivery ratio (PDR), Average End-to-End delay (AED), Normalized Routing Load (NRL) e outras para diferentes protocolos de roteamento. O programa AWK é como um analisador, no sentido de ler cada linha do ficheiro de rastreio e procurar palavras-chave do tipo de pacotes, tais como "s" para enviar, "f" para encaminhar, "d" descartado e assim por diante, e depois utilizar estes dados para calcular e computar PDR, AED, etc....

Assim, o utilitário AWK é utilizado para implementar programas escritos na linguagem de programação AWK, que é uma linguagem informática de uso geral destinada à manipulação de dados textuais.

Capítulo 4

Solução para o ataque de buraco negro

4.1 Introdução

Neste capítulo, o novo protocolo **ABAODV** (Anti Black Hole **AODV**) é criado e implementado utilizando o simulador de rede (NS-2), a fim de simular e avaliar o impacto da solução proposta para o Black Hole no desempenho da rede, no que diz respeito a muitas métricas de desempenho, como o débito, a fração de entrega de pacotes, o atraso médio de fim de linha e a normalização da carga de encaminhamento. Nos capítulos anteriores, foi explicado como o ataque Black Hole é implementado no NS2 e quais os resultados obtidos com as simulações.

4.2 Solução proposta

Na conceção do ABAODV, tendo em conta as limitações (energia da bateria, armazenamento e capacidade de processamento) do paradigma da computação nómada, a solução proposta previne o ataque Black Hole à custa de uma sobrecarga marginal de processamento. A solução proposta é simples e não afecta o funcionamento nem do nó intermédio nem do nó de destino. Nem sequer modifica o funcionamento do AODV normal, mas chama uma função chamada *checkReply*. A função continua a aceitar os pacotes RREP e a isolar os pacotes RREP falsos. O ataque Black Hole enviará um pacote RREP falso que contém o número de sequência de destino mais elevado e a contagem mínima de saltos disponível. Quando os nós da MANET enviam pacotes RREP com esta informação, são considerados como nós maliciosos e são removidos, como se pode ver na Fig. 4.1.

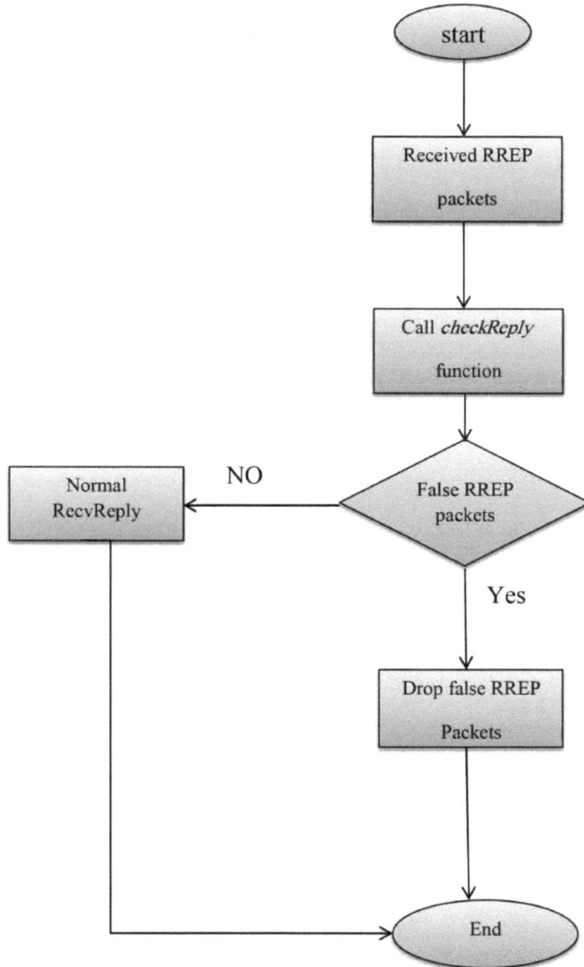

Fig (4.1) Remover pacotes RREP falsos

Os principais benefícios da solução proposta são:

1. O nó malicioso é identificado na própria fase inicial e imediatamente removido para que não possa participar no processo posterior.

2. Não é efectuada qualquer modificação noutras operações predefinidas do protocolo AODV.

3. A sobrecarga de memória é menor porque são acrescentadas poucas coisas novas.

4. A solução proposta é simples e não afecta o funcionamento do nó intermédio nem do nó de destino.

4.3 Métricas de desempenho para avaliação

A fim de verificar o desempenho do protocolo de encaminhamento ABAODV em relação a outros protocolos de encaminhamento em termos da sua eficácia, foram utilizadas diferentes métricas. Neste estudo, são utilizadas quatro métricas de desempenho: Throughput, Normalized Routing Load (NRL), Average End-to-End Delay e Packet Delivery Fraction (PDF) para a avaliação dos protocolos. As razões por detrás da seleção destas métricas prendem-se com a sua importância em qualquer rede de comunicação de dados. Além disso, qualquer protocolo precisa de ser avaliado em relação a estas métricas para verificar o seu desempenho.

A taxa de transferência e a fração de entrega de pacotes (PDF) mostram as entregas bem sucedidas do protocolo durante um determinado período. Isto significa que quanto maior for o PDF e o Throughput, melhor será o desempenho do protocolo. Também um atraso médio de fim a fim (AED) e uma carga de encaminhamento normalizada (NRL) mais baixos melhoram o desempenho do protocolo. Por outro lado, estas métricas têm uma maior influência na maior parte da comunicação em rede e são utilizadas para decidir o desempenho do protocolo. Nesta tese, foram utilizadas as quatro métricas seguintes para efeitos de avaliação:

4.3.1O rendimento

O débito da rede determina a quantidade de dados que é entregue com êxito da origem ao destino por unidade de tempo numa rede de comunicações. Um Throughput com um valor mais elevado é, mais frequentemente, uma escolha absoluta em todas as redes, porque determina a capacidade dos nós para entregar os pacotes da origem ao destino pretendido. O algoritmo (4.1) do Apêndice E é utilizado para calcular o Throughput em bps de acordo com a equação (4.1)[39].

Throughput=(Total no .of bytes received /simulation time)*(8/1024) kbps .... *(4.1)*

4.3.2Fração de entrega de pacotes (PDF)

É o rácio entre os pacotes de dados recebidos com êxito pelo destino e os pacotes de dados enviados pelas fontes durante o período de simulação. O PDF mede o desempenho do protocolo a partir do rácio de perdas registado na camada de rede, que é afetado por factores como a dimensão dos pacotes, a carga da rede e os efeitos do movimento que resultam em alterações frequentes da topologia. Um PDF mais elevado implica que a taxa de perda de pacotes é mais baixa e que o protocolo é mais eficiente do ponto de vista da entrega de dados. A taxa de entrega de pacotes e a taxa de perda de pacotes podem ser calculadas utilizando o algoritmo (4.2) do Apêndice E, com base na equação (4.2), como se mostra a seguir [39]:

Packet Delivery Fraction = (received packets/ sent packets)*100% ...... (4.2)

4.3.3A carga de encaminhamento normalizada (NRL)

A carga de encaminhamento normalizada é a relação entre os pacotes de controlo enviados pela rede e todos os pacotes de dados recebidos, designada por carga de encaminhamento normalizada. É uma medida da eficiência do protocolo. Um valor baixo de carga de encaminhamento normalizada mostra um protocolo mais eficiente. Esta métrica também está altamente correlacionada com o número de mudanças de rota que ocorreram na simulação. A NRL do protocolo de encaminhamento MANET pode ser calculada utilizando os algoritmos (4.3) no Apêndice E, de acordo com a equação (4.3) [24]

$$\textbf{NRL=Total RTRsp / Total CBR}_{\textbf{Rp}} \quad \ldots\ldots \ (4.3)$$

Onde NRL é Normalized Routing Overhead, RTR_{SP} são pacotes de encaminhamento enviados pelo protocolo de encaminhamento e CBR_{RP} são todos os pacotes recebidos pelo destino.

4.3.4 Atraso médio de ponta a ponta (AED)

O AED é o tempo médio para que um pacote de dados seja transmitido com êxito através de uma MANET, da origem ao destino, e existem alguns atrasos na transição do pacote para um recetor. Estes atrasos são causados principalmente pelo armazenamento em buffer durante a latência da descoberta de rotas, pelo enfileiramento na fila da interface, pelos atrasos de retransmissão na camada MAC e pelos tempos de propagação e transferência. Para cada pacote recebido, a média do atraso extremo-a-extremo será a diferença de tempo entre cada pacote enviado e recebido dividida pelo número total de pacotes recebidos. Quanto mais baixo for o atraso médio de fim-de-fim, melhor será o desempenho da aplicação. Os principais passos para calcular o AED podem ser investigados no algoritmo (4.4) no Apêndice E, de acordo com a equação (4.4)[24].

$$AED = \Sigma\,(PRT - PST) \,/\, \Sigma\, PR \qquad \ldots\ldots \; (4.4)$$

Onde AED é o atraso médio de fim a fim, PRT é o tempo de pacotes recebidos pelo destino. PST é o tempo dos pacotes enviados pelas fontes, e PR é apenas para o pacote que foi recebido.

4.4 Simulação e resultados

Nesta secção, é apresentado um conjunto de experiências de simulação para avaliar o protocolo ABAODV, comparando-o com o AODV original.

4.4.1 Configurações experimentais

Para avaliar e comparar o desempenho do protocolo ABAODV, o protocolo ABAODV é implementado no NS2. Todos os parâmetros variáveis utilizados nas simulações são valores por defeito recomendados pelo AODV. Para medir as métricas de avaliação do desempenho descritas na secção anterior, são considerados vários cenários. O número de nós Black Hole e o número total de nós são selecionados como parâmetros variáveis e simulam-se todos os protocolos para diferentes configurações, recolhendo-se os valores das métricas de avaliação do desempenho em cada cenário. Todos os cenários de simulação são configurados de acordo com a Tabela (3.2).

São utilizadas cinco sessões de taxa de bits constante (CBR) na rede Ad hoc móvel. No cenário, a ligação será a seguinte:

Node(0) ⟶ Node(1)

Node(1) ⟶ Node(2)

Node(2) ⟶ Node(3)

Node(3) ⟶ Node(4)

Node(4) ⟶ Node(5)

Todos os nós do lado esquerdo serão nós de origem e todos os nós do lado direito serão nós de destino. Os nós[6,7,8,9,lO] serão nós Black Hole em todos os cenários.

Cada uma destas aplicações CBR utiliza pacotes de dados de 512 bytes a uma velocidade de 10 kbps. O modelo de ponto de passagem aleatório é usado para modelar a mobilidade. Cada nó inicia a sua viagem de um local aleatório para um destino aleatório com uma velocidade constante de 5 m/s durante 100 segundos num espaço plano de 1000x1000 metros. Quando o destino é alcançado, outro destino aleatório é selecionado após uma pausa de 2 segundos.

Um dos exemplos de cenários de simulação do animador 'NAM' do NS2 com 100 nós e quatro buracos negros é apresentado na Fig. 4.2. A captura de ecrã seguinte mostra os nós de cor verde que representam a origem e o destino, e os nós de cor vermelha representam o buraco negro.

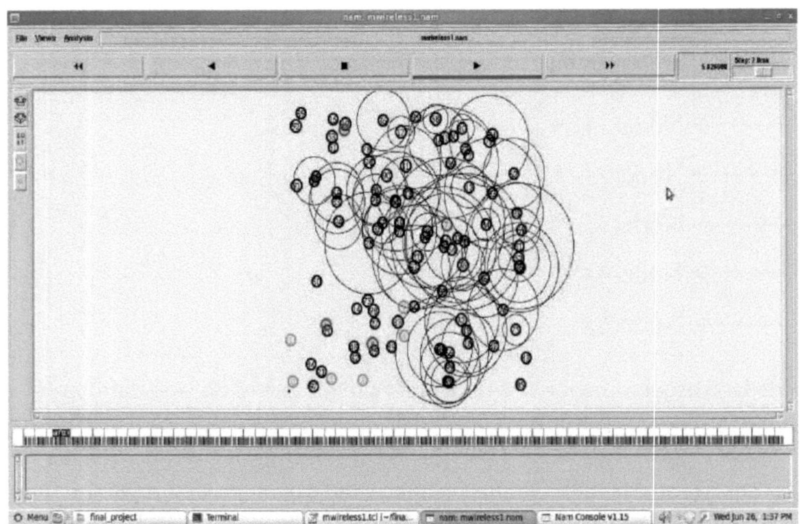

Fig (4.2) cenário de amostra do NS2

Os resultados da simulação foram retirados do ficheiro de rastreio de saída dos scripts Tcl, que tem a extensão .tr. Os ficheiros de rastreio incluem todos os eventos da simulação, tais como o momento em que os pacotes são enviados, o nó que os gerou, o nó que os recebeu, o tipo de pacote enviado e, se for rejeitado, a razão dessa rejeição, etc. Para contar quantos pacotes são enviados pelos nós emissores e quantos deles chegam aos nós receptores utilizando o script AWK, o código fonte do cálculo de Throughput, AED, NRL e PDF encontra-se no Apêndice D.

4.4.2Impacto do número de nós

Para estudar o desempenho do protocolo de encaminhamento ABAODV com um número variável de nós sob um ataque Black Hole no nó 6 .

As tabelas (4.1) e (4.2) apresentam os resultados da simulação das métricas de desempenho do protocolo de encaminhamento AODV com e sem o nó Black Hole para mostrar o efeito da variação dos nós móveis.

Tabela(4. 1) Valor da simulação AODV sem ataque Black Hole

No .of nodes	*Throughput*	*NRL*	*AED*	*Send Packets*	*Received Packets*	*Dropped Packets*	*PDF*
10	38.41	0.0257	0.0009	857	857	0	100
20	36.57	0.1875	0.0014	857	816	41	95.22
30	38.23	0.1735	0.0013	857	853	4	99.53
40	38.19	0.3180	0.0014	857	852	5	99.42
50	38.1	0.4200	0.0014	857	850	7	99.18
60	38.41	0.2800	0.0009	857	857	0	100
70	38.28	0.4543	0.0012	857	854	3	99.65
80	38.23	0.5850	0.0016	857	853	4	99.53
90	38.32	0.5427	0.0012	857	855	2	99.77
100	38.37	0.4918	0.0011	857	856	1	99.88

Tabela (4. 2) Valor da simulação AODV com ataque Black Hole

No .of nodes	*Throughput*	*NRL*	*AED*	*Send Packets*	*Received Packets*	*Dropped Packets*	*PDF*
10	35.59	0.0453	0.0013	857	794	63	92.65
20	0.18	27.5	0.0038	857	4	853	0.47
30	0.09	53.0000	0.0064	857	2	855	0.233372
40	0.09	102.0000	0.0062	857	2	855	0.23
50	0.09	144.5000	0.0031	857	2	855	0.23
60	0.72	39.1250	0.0018	857	16	841	1.86698
70	7.62	5.61176	0.0036	857	170	687	19.8366
80	0.18	171.0000	0.0043	857	4	853	0.47
90	4.12	5.6087	0.0012	857	92	765	10.74
100	2.51	9.98214	0.0019	857	56	801	6.53

As figuras (4.3) a (4.7) mostram o impacto do número de nós nos protocolos em todas as métricas de desempenho discutidas acima. Em cada gráfico, o número de nós varia de 10 a 100 com o passo de 10 com a mesma configuração de experiência.

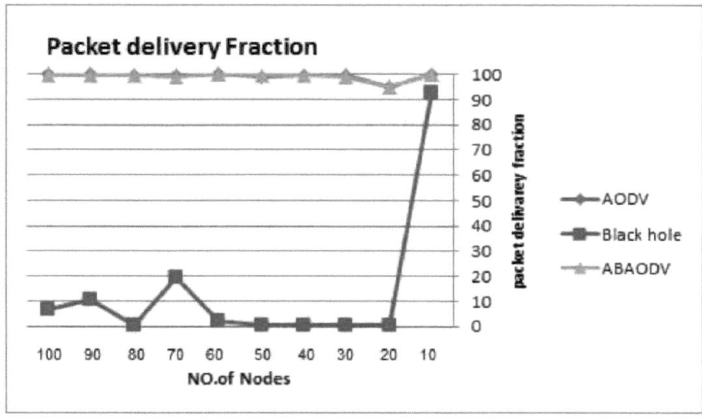

Fig (4.3) comparação da fração de entrega de pacotes

A partir do gráfico acima, verifica-se que o ABAODV tem a mesma fração de entrega de pacotes que o protocolo AODV, mesmo na presença de um ataque Black Hole. O protocolo AODV sofre fortemente com o ataque Black Hole porque não tem nenhum mecanismo para detetar e prevenir o ataque Black Hole. O gráfico acima mostra que o PDF é de 92% quando o número de nós é 10, o que está de acordo com o cenário de simulação dos nós Black Hole que se afastam do alcance de transmissão da fonte ou dos nós de distensão e isso interpreta o aumento do PDF quando o número de nós é 10, mas quando o número de nós aumenta para 20 e de 30 para 100, pode-se ver a diminuição do PDF.

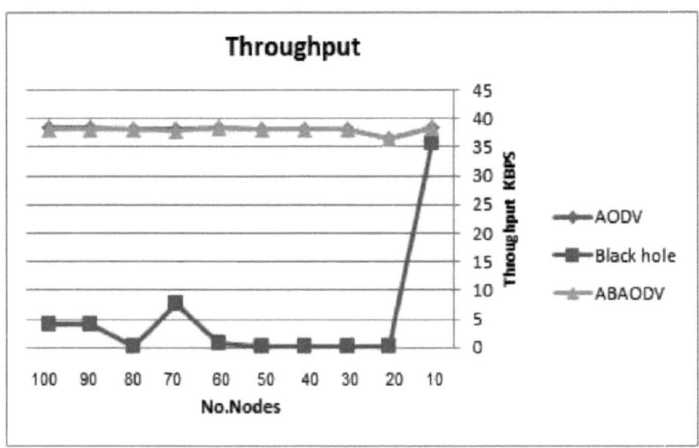

Fig (4.4) Comparação da taxa de transferência

A figura (4.4) ilustra o impacto do número de nós no débito do AODV sob o ataque Black Hole e do ABAODV . Em termos de débito, o gráfico acima mostra que o ABAODV tem o melhor resultado quando comparado com o AODV sob o ataque Black Hole.

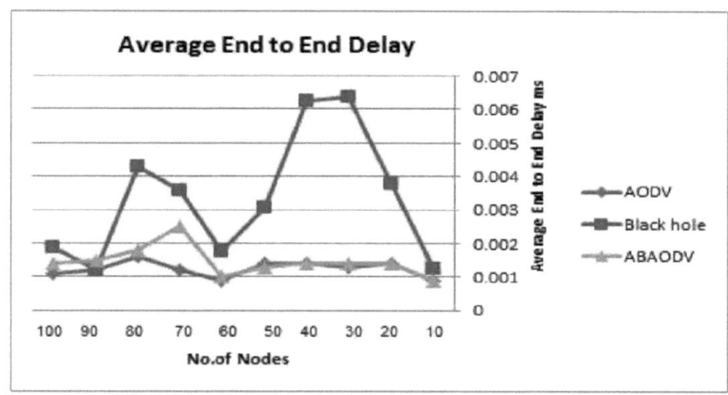

Fig (4.5) Comparação do DEA

A figura (4.5) mostra o impacto do número de nós no atraso de extremo a extremo. O protocolo ABAODV tem um pouco mais de atraso de extremo a extremo do que o protocolo AODV, uma vez que demora mais tempo a encontrar uma rota segura.

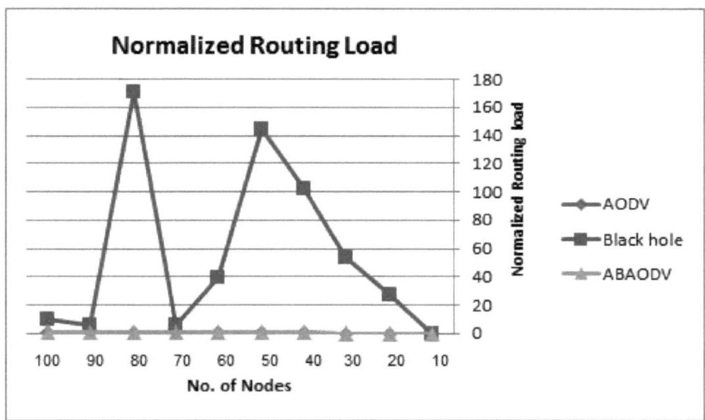

Fig (4-6) Comparação NRL

A Fig(4.6) mostra o impacto do número de nós no NRL. A partir do gráfico acima, é evidente que a carga de encaminhamento normalizada também é comparável à do AODV convencional.

4.4.3 Impacto do número de nós Black Hole

O desempenho do protocolo de encaminhamento ABAODV é afetado por um número variável de nós Black Hole .

As tabelas (4.3) e (4.4) mostram os resultados da simulação das métricas de desempenho para os protocolos de encaminhamento AODV e ABAODV com um número variável de nós Black Hole de 1 a 5 e um número constante de nós móveis igual a 50 nós para mostrar o efeito da variação dos nós Black Hole.

Tabela (4.3) AODV com nós de buraco negro (6,7,8,9,10) e 50 nós

No .of Black Holes Nodes	Throughput	NRL	AED	Send Packets	Received Packets	Dropped Packets	PDF
1	4.12	20.3587	0.0064	857	92	765	10.74
2	0	0.0000	0.0000	857	0	857	0
3	2.55	50.9123	0.0064	857	57	800	6.65
4	0.04	1346	0.0393	857	1	856	0.12
5	0.45	58.5000	0.0052	857	10	847	1.17

Tabela (4.4) ABAODV com nós de buraco negro (6,7,8,9,10) e 50 nós

No .of Black Holes Nodes	Throughput	NRL	AED	Send Packets	Received Packets	Dropped Packets	PDF
1	37.27	2.14784	0.0078	857	832	25	97.08
2	37.27	2.2524	0.0152	857	832	25	97.08
3	37.45	2.4007	0.03	857	836	21	97.54
4	37.45	1.8540	0.0139	857	836	21	97.55
5	37.76	1.7153	0.0347	857	843	14	98.36

As figuras (4.7) a (4.11) mostram o impacto do número de nós nos protocolos em todas as métricas de desempenho. Além disso, em cada gráfico, o número de nós Black Hole varia de 1 a 5 com os 50 nós com a mesma configuração de experiência.

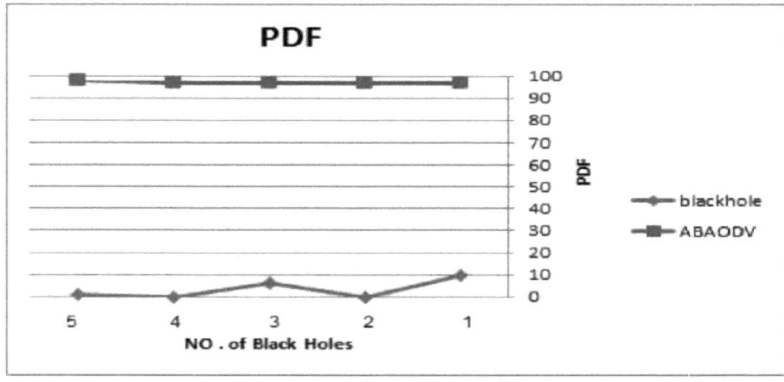

Fig(4-7) Comparação de PDF

A figura (4.7) ilustra o impacto do número de nós Black Hole na fração de entrega de pacotes. Em primeiro lugar, mostra corretamente que o AODV sofre ataques do tipo Black Hole. Por conseguinte, o seu PDF é inferior a 10%, independentemente do número de nós "Black Hole" na rede. A partir do gráfico acima, verifica-se que o protocolo ABAODV tem a fração de entrega de pacotes mais elevada, mesmo na presença de um ataque Black Hole. Com a presença de cinco buracos negros, o PDF é de 98,36%.

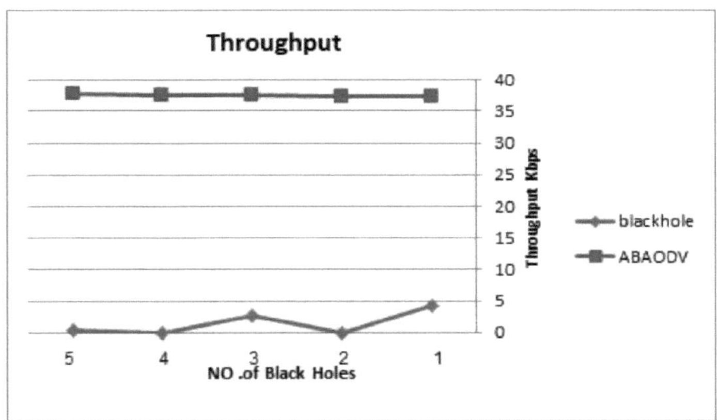

Fig(4-8) Comparação da taxa de transferência

A Fig. 4.8 ilustra o impacto do número de nós Black Hole na taxa de transferência dos protocolos AODV e ABODV. Em primeiro lugar, o débito do AODV desce abaixo dos 5 kbps, independentemente do número de nós Black Hole na rede. Em segundo lugar, o protocolo ABAODV oferece um débito mais elevado do que o protocolo AODV, uma vez que o protocolo ABAODV evita a queda de pacotes maliciosos por nós Black Hole .

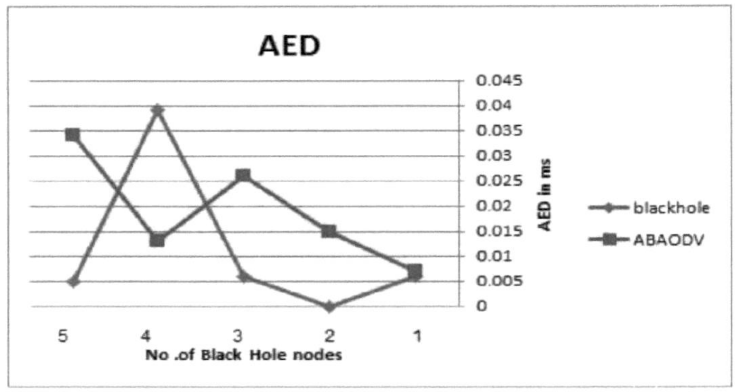

Fig(4-9) Comparação do DEA

A Fig. 4.9 mostra o impacto do número de nós Black Hole no atraso médio de extremo a extremo. O ABAODV apresenta um atraso aceitável.

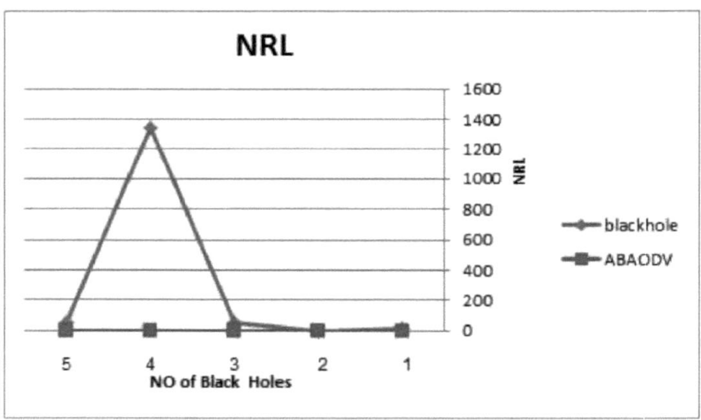

Fig(4-10) Comparação NRL

A Fig(4.10) mostra o impacto do número de nós Black Hole no NRL. A partir do gráfico acima, é evidente que a carga de encaminhamento normalizada também é aceitável com o AODV convencional.

Capítulo 5

Conclusão e trabalhos futuros

5.1 Conclusão

O ataque Black hole é um dos maiores desafios de segurança para as MANETs. É um dos DoS activos em que um nó malicioso se faz passar por um nó de destino, enviando um RREP forjado ao nó de origem. De acordo com a natureza do protocolo de encaminhamento AODV em redes Ad hoc, o ataque Black Hole é capaz de prejudicar e diminuir o rendimento da rede, especialmente na fase de descoberta de rotas. Esta tese analisou o efeito do Black Hole num protocolo de encaminhamento AODV em redes móveis Ad hoc. Para o efeito, o protocolo Black Hole in AODV foi implementado no NS-2, tendo sido calculadas as métricas Throughput, AED, NRL e PDF. Além disso, o protocolo de encaminhamento ABAODV é implementado no NS-2 para reduzir os efeitos do Black Hole.

- A partir dos cenários de simulação, quando o número de nós é lθ e o número de nós Black Hole é l, o PDF atinge 92%, o PDF atinge este valor porque o movimento do nó malicioso está fora do alcance de transmissão.

- Os pacotes de dados podem ser descartados não só pelo ataque Black Hole, mas também por diferentes razões, como o movimento do nó ou na camada física ou por causa do tempo de vida dos pacotes e outros.

- A partir da simulação do AODV, podemos compreender os valores de Throughput, NRL e PDF sem ataque Black Hole e os protocolos de encaminhamento ABAODV sob ataque Black Hole têm os mesmos valores com Throughput, NRL e PDF. Isso significa que o ABAODV

O AED no ABAODV é mais elevado do que no AODV devido à verificação de pacotes RREP falsos, mas continua a ser aceitável.

5.2 Trabalhos futuros

- As redes Ad-Hoc sem fios são redes muito utilizadas devido à sua natureza flexível, ou seja, são fáceis de implementar independentemente das restrições geográficas. Estas redes estão expostas a ataques externos e internos, uma vez que não existe um mecanismo de segurança centralizado. É ainda necessário muito trabalho de investigação nesta área. Este trabalho analisa o impacto do ataque Black Hole em MANETs usando protocolos de encaminhamento AODV. É necessário analisar o ataque Black Hole noutros protocolos de encaminhamento de MANETs, como o DSR, o TORA e o GRP. É necessário estudar outros tipos de ataques, como os ataques Wormhole, Jellyfish e Sybil, em comparação com o ataque Black Hole. Podem ser classificados com base no grau em que afectam o desempenho da rede. O ataque Black Hole também pode ser efectuado ao contrário, ou seja, como ataque de privação de sono. A deteção deste comportamento do ataque Black Hole, bem como a estratégia de eliminação desse comportamento, têm de ser levadas a cabo para investigação futura.

- O ataque Black Hole é um ataque grave que pode ser facilmente empregue contra o encaminhamento em redes Ad hoc móveis. Um Black Hole é um nó malicioso que responde falsamente a qualquer pedido de rota sem ter uma rota ativa para o destino especificado e deixa cair todos os pacotes recebidos. Se estes nós maliciosos trabalharem em grupo, os danos serão muito graves. Este tipo de ataque é designado por ataque cooperativo Black Hole. Encontrar um mecanismo para evitar o ataque cooperativo Black Hole pode ser um trabalho futuro.

A solução proposta (ABAODV) tenta eliminar o efeito Black Hole no mecanismo de determinação de rotas do protocolo AODV que é efectuado antes de os nós iniciarem os pacotes. Além disso, se for utilizada uma ligação UDP para poder contar os pacotes nos nós emissores e receptores. Se fosse utilizada a ligação TCP entre nós, o nó emissor seria o fim da ligação, uma vez que os pacotes ACK não chegavam ao nó emissor. Esta seria outra solução para encontrar o nó buraco negro. Esta solução ocorre após o mecanismo de determinação de rotas do protocolo ADOV e encontra a rota num período muito mais longo. Encontrar o nó Black Hole com protocolos orientados para a ligação TCP poderia ser outra investigação para um estudo futuro.

Referências:

[1] Lalit Himral," **Preventing AODV Routing Protocol from Black Hole Attack"** , International Journal of Engineering Science and Technology (IJEST), ISSN : 0975-5462 Vol. 3 No. 5 May 2011.

[2] SemihDokurer , **"SIMULATION OF BLACK HOLE ATTACK IN WIRELESS AD-HOC NETWORKS",** TESE DE MESTRADO em Engenharia Informática, Universidade de Atilim, SETEMBRO DE 2006.

[3] S. Kurosawa, H. Nakayama e outros, (2007).' **Detecting Blackhole Attack on AODV-based Mobile Ad Hoc Networks by Dynamic Learning Method"**. *International Journal of Network Security*, Vol.5, No.3, P.P 338-346.

[4] Hongmei Deng, Wei Li e Dharma P. Agrawal (2002). **"Routing Security in Wireless Ad Hoc Network"**. *IEEE Communications Magzine,* vol. 40, Issue: 10,(70-75).

[5] Subash Chandra Mandhata , Dr.Surya Narayan Patro **'A counter measure to Black hole attack on AODV based Mobile Ad-Hoc Networks'** International Journal of Computer & Communication Technology (IJCCT), Volume-2, Issue-VI, 2011.

[6] Watchara Saetang , Sakuna Charoenpanyasak "**CAODV Free Blackhole Attack in Ad Hoc Networks"** , 2012 International Conference on Computer Networks and Communication Systems (CNCS 2012)IPCSIT vol.35(2012) © (2012) IACSIT Press, Singapore.

[7] M. Umaparvathi , Dharmishtan K. Varughese **'Two Tier Secure AODV against Black Hole Attack in MANETs '**, European Journal of Scientific Research ISSN 1450-216X Vol.72 No.3 (2012), pp. 369-382 .

[8] Doug Lowe ,' **Networking *ALL-IN-ONE* FOR Dummies '**, 4th edition , Wiley Publishing, Inc, Library of Congress Control Number: 2010935591 ,ISBN: 978-0-470-62587-3

[9] Behrouz A. Forouzan ' **Data communication and network** ' , 4th edition ,

McGraw-Hill Forouzan Networking Series ,Chapter 14 ,page 422,2007.

[10] Mohit Kumar & Rashmi Mishra " **An Overview of MANET: History, Challenges and Applications"**, Indian Journal of Computer Science and Engineering (IJCSE), ISSN: 0976-5166 Vol. 3 No. 1 Feb- Mar2012 .

[11] Fan-Hsun Tseng , Li-Der Choul e Han-Chieh Chao **," A survey of black hole attacks in wireless mobile ad hoc networks "**, Tseng et al. Human-centric Computing and Information Sciences 2011, 1:4, http : //www.hcis-j ournal. com/content/ 1/1/4.

[12] Bing Wu, e outros**, " A Survey on Attacks and Countermeasures in Mobile Ad Hoc Networks "** , Springer. WIRELESS/MOBILE NETWORK SECURITY Y. Xiao, X. Shen, and D.-Z. Du (Eds.) chap.12.◦ c 2006 Springer.

[13] C. Perkins , andothers, **"Ad hoc On-Demand Distance Vetor (AODV) Routing protocol "** , Copyright (C) The Internet Society (2003). http://www.faqs.org/rfcs/rfc3561.html.

[14] Luke Klein-Berndt **"A Quick Guide to AODV Routing"** , Wireless Communications Technologies Group & National Institute of Standards and Technology,2011.

[15] Mangesh Ghonge e Prof. S. U. Nimbhorkar Department of Computer Science & Engg, GHRCE, Nagpur **, " Simulação de AODV sob ataque de Blackhole em MANET"** Jornal Internacional de Pesquisa Avançada em Ciência da Computação e Engenharia de Software www.ijarcsse.com , Volume 2, Edição 2, fevereiro de 2012 ISSN: 2277 128X.

[16] Professor Assistente, Escola de Engenharia Chameli Devi, Indore, Madhya Pradesh, Conferencista, Academia Técnica K. C. Bansal, Indore, Madhya Pradesh**," PROPOSTA DE SOLUÇÃO PARA PREVENIR O ATAQUE DO BURACO NEGRO NA MANET"**, Revista Internacional de Investigação em TI e Gestão ,http://www. mairec.org.

[17] K. Fall e K. Varadhan **" The *ns* Manual",** 4 de novembro de 2011, http://www.isi.edu/nsnam/ns/doc/ns doc.pdf.

[18] S. Philipp," **Conceção e análise de modelos de mobilidade realistas para redes em malha sem fios"**, Instituto Federal Suíço de Tecnologia de Zurique, 2007.

[19] Teerawat Issariyakul , Ekram Hossain **"Introduction to Network SimulatorNS2"**, Springer 2009 ISBN: 978-0-387-71759-3.

[20] N. I.Sarkar e S.A. Halim **" A Review of Simulation of Telecommunication Networks: Simulators, Classification, Comparison, Methodologies, and Recommendations "**, Cyber Journals, Journal of Selected Areas in Telecommunications (JSAT), March Edition, 2011 .

[21] J. Francisco, M. Pedro, **"Implementing a new MANET unicast routing protocol in NS2"**, Francisco J. Ros e Pedro M. Ruiz, 2004.

[22] Mubashir Husain Rehmani e Mustapha Reda **Senouci " A Tutorial on the Implementation of Ad-hoc On Demand Distance Vetor (AODV) Protocol in Network Simulator (NS-2)",** Versão 1, 28th junho de 2009.

[23] NS-2**, "The ns Manual (formalmente conhecido como NS Documentation) "**, disponível em http://www. isi.edu/nsnam/ns/doc.

[24] Yaseen Al-Heety **"Enhanced Routing Protocol for Vehicular Ad hoc Networks (VANETs)",** uma tese de mestrado, Departamento de Informática, Universidade de Al Anbar, República do Iraque, 2011.

[25] Karen Scarfone ,Derrick Dicoi ,Matthew Sexton ,Cyrus Tibbs, **'Guide to Securing Legacy IEEE 802.11 Wireless Networks "** Computer Security Division, Information Technology Laboratory ,National Institute of Standards and Technology ,Gaithersburg, MD 20899-8930,julho de 2008.

[26] Irshad Ullah , Shoaib UR Rehman ," **Analysis of Black Hole Attack on MANETs Using Different MANET Routing Protocols ",** Tese de Mestrado , Electrical Engineering, School of Computing ,Blekinge Institute ofTechnology ,Sweden, *Thesis no: MEE 10:62,* junho, 2010.

[27] Hesiri Weerasinghe e Huirong Fu, Membro do *IEEE* ," **Preventing Cooperative Black Hole Attacks in Mobile Ad Hoc Networks: Simulation Implementation and**

Evaluation " ,Department of Computer Science and Engineering Oakland University, International Journal of Software Engineering and Its Applications Vol. 2, No. 3, July, 2008.

[28] K Sreenivasulu , E V Prasad and A. Subramanyam ," **Performance Analysis of MANET Reactive Routing under Security** ", International Journal of Computer Applications (0975 - 8887) Volume 60- No.7, December 2012

[29] Bhubaneshwar , Sridhar Iyer ," **Mobile Ad Hoc Networks"** , Tutorial at CIT'2000, http://www.it.iitb.ernet.in.in/~sri.

[30] Pravin Ghosekar, Girish Katkar e Dr. Pradip Ghorpade, **"Mobile Ad Hoc Networking: Imperatives and Challenges"** , IJCA Special Issue on "Mobile Ad-hoc Networks" MANETs, 2010.

[31] Jeroen Hoebeke, Ingrid Moerman, Bart Dhoedt e Piet Demeester," **An Overview of Mobile Ad Hoc Networks: Aplicações e desafios**". Departamento de Tecnologias da Informação (INTEC), Universidade de Gante - IMEC, Sint Pietersnieuwstraat 41, B-9000 Gante, Bélgica, 2007.

[32] R. Das , and others, " **Security Measures for Black Hole Attack in MANET: An Approach** ", International Journal of Engineering Science and Technology (IJEST),2011.

[33] Amit Shrivastava , Nitin Chander ," **Overview of Routing Protocols in MANET's and Enhancements in Reactive Protocols",** Department of Computer Science ,Lamar University,2005.

[34] Dr. S. Dhenakaran e A.Parvathavarthini ," **An Overview of Routing Protocols in Mobile Ad-Hoc Network** ',International Journal of Advanced Research in Computer Science and Software Engineering Volume 3, Issue 2, February 2013 ISSN: 2277 128X.

[35] Ochola EO and Eloff MM ," **A Review of Black Hole Attack on AODV Routing in MANET** ", School of Computing ,University of South Africa ,Pretoria, South Africa .

[36] Aleksandr Huhtonen, **"Comparing AODV and OLSR Routing Protocols",** Universidade de Tecnologia de Helsínquia, Laboratório de Software de Telecomunicações e Multimédia, 2004.

[37] Dr. Aditya Goel & Ajaii Sharma ,**" Performance Analysis of Mobile Ad-hoc Network Using AODV Protocol ",** Department of Electronics & Communication Engineering, Maulana Azad National Institute ofTechnology,(Deemed University)

Bhopal, Índia - 462051.

[38] Clifton Lin , **" AODV Routing Implementation for Scalable Wireless Ad-Hoc Network Simulation (SWANS) ",** 2006.

[39] Mustafa Ali Fadhil, " Design and Simulation of Cluster Routing Protocol " tese de mestrado na Faculdade de Engenharia da Informação da Universidade Al- Nahrain, Bagdade, Iraque 2009.

Apêndice A

Ficheiro .tcl de 7 nós

Ligação entre 0 e 5, 6 é um buraco negro

```
set val(chan) Channel/WirelessChannel                    ;# channel type
set val(prop) Propagation/TwoRayGround                   ;# radio-propagation model
set val(netif) Phy/WirelessPhy                           ;# network interface type
set val(mac) Mac/802_11                                  ;# MAC type
set val(ifq) Queue/DropTail/PriQueue                     ;# interface queue type
set val(ll) LL                                           ;# link layer type
set val(ant) Antenna/OmniAntenna                         ;# antenna model
set val(ifqlen) 50                                       ;# max packet in ifq
set val(x) 1000                                          ;# X dimension of the topography
set val(y) 1000                                          ;# Y dimension of the topography
set val(nn) 7                                            ;# number of mobilenodes
set val(rp) AODV                                         ;# routing protocol
# unity gain, omni-directional antennas
# set up the antennas to be centered in the node and 1.5 meters above it
Antenna/OmniAntenna set X_ 0
Antenna/OmniAntenna set Y_ 0
Antenna/OmniAntenna set Z_ 1.5
#value to clacluate signal sterangth
Antenna/OmniAntenna set Gt_ 1.0
Antenna/OmniAntenna set Gr_ 1.0
Phy/WirelessPhy set L_ 1.0                          ;#Loss Factor
Phy/WirelessPhy set freq_ 2.472e9                   ;#frequency 2,4 Ghz
Phy/WirelessPhy set bandwidth_ 11Mb                 ;#Data Rate
Phy/WirelessPhy set Pt_ 0.28183815 ;#Range Transmission is 250m
#Phy/WirelessPhy set Pt_ 7.214e-3 ;#Range Transmission is 100m
Mac/802_11 set RTSThreshold_ 3000
Mac/802_11 set ShortRetryLimit_ 7 ;# retransmittions
Mac/802_11 set LongRetryLimit_ 4 ;# retransmissions
Mac/802_11 set PreambleLength_ 72 ;# 72 bit
Mac/802_11 set dataRate_ 11Mb ;# //Rate for Data Frames
Mac/802_11 set basicRate_ 2Mb ;# //Rate for Control Frames b
# Initialize Global Variables
set ns_ [new Simulator]
#$ns_ use-newtrace
set tracefd [open 7node.tr w]
set namtrace [open 7node.nam w]
$ns_ trace-all $tracefd
$ns_ namtrace-all-wireless $namtrace $val(x) $val(y)
# set up topography object
set topo [new Topography]
$topo load_flatgrid $val(x) $val(y)
# Create God
set god_ [create-god $val(nn)]
# Create channel #1 and #2
set chan_1_ [new $val(chan)]
# configure node
$ns_ node-config -adhocRouting $val(rp) \
-llType $val(ll) \
-macType $val(mac) \
-ifqType $val(ifq) \
-ifqLen $val(ifqlen) \
-antType $val(ant) \
-propType $val(prop) \
-phyType $val(netif) \
-channelType $val(chan) \
-topoInstance $topo \
-agentTrace ON \
-routerTrace ON \
-macTrace OF\
```

```
-movementTrace ON \
for {set i 0} {$i < $val(nn) } {incr i} {
set node_($i) [$ns_ node]
$node_($i) random-motion 0 ;# disable random motion
}
#$ns_ trace-queue $node_(0) $node_(5)$tracefd
# Provide initial (X,Y, for now Z=0) co-ordinates for mobilenodes
$node_(0) set X_ 1.0
$node_(0) set Y_ 20.0
$node_(0) set Z_ 0.0
$node_(1) set X_ 1.0
$node_(1) set Y_ 170.0
$node_(1) set Z_ 0.0
$node_(2) set X_ 160.0
$node_(2) set Y_ 20.0
$node_(2) set Z_ 0.0
$node_(3) set X_ 300.0
$node_(3) set Y_ 20.0
$node_(3) set Z_ 0.0
$node_(4) set X_ 480.0
$node_(4) set Y_ 170.0
$node_(4) set Z_ 0.0
$node_(5) set X_ 490.0
$node_(5) set Y_ 285.0
$node_(5) set Z_ 0.0
$node_(6) set X_ 150.0
$node_(6) set Y_ 240.0
$node_(6) set Z_ 0.0
for {set i 0} {$i < $val(nn)} {incr i} {
$ns_ initial_node_pos $node_($i) 40
# 20 defines the node size in nam, must adjust it according to your scenario
}
$ns_ at 0.0 "$node_(5) label \"dst\""
$ns_ at 0.0 "$node_(0) label \"src\" "
$ns_ at 0.0 "$node_(6) label \"blackhole\" "
# Setup traffic flow between nodes
# udp connections between node_(0) and node_(5)
set udp [new Agent/UDP]
set null [new Agent/Null]
$ns_ attach-agent $node_(0) $udp
$ns_ attach-agent $node_(5) $null
$ns_ connect $udp $null
set cbr [new Application/Traffic/CBR]
$cbr set type_ CBR
$cbr set packetSize_ 1024
$cbr set rate_ 1000Kb
$cbr attach-agent $udp
#modify to add malicios node done at 20/3/2013
#$ns_ at 0.0 "[$node_(4) set ragent_] hacker"
$ns_ at 0.0 "[$node_(6) set ragent_] hacker"
$ns_ at 5.0 "$cbr start"
# Tell nodes when the simulation ends
for {set i 0} {$i < $val(nn) } {incr i} {
$ns_ at 100.0 "$node_($i) reset";
}
$ns_ at 100.0 " stop"
proc stop {} {
global ns_ tracefd namtrace
$ns_ flush-trace
close $tracefd
close $namtrace
exec nam 7node.nam &
puts "Starting Simulation..."
$ns_ run
```

Apêndice B

Amostra de ficheiro de rastreio

s 10.324800000 _0_ AGT --- 14 cbr 512 [0 0 0 0] ------- [0:0 1:0 32 0] [13] 0 3

r 10.324800000 _0_ RTR --- 14 cbr 512 [0 0 0 0] ------- [0:0 1:0 32 0] [13] 0 3

s 10.324800000 _0_ RTR --- 14 cbr 532 [0 0 0 0] ------- [0:0 1:0 30 2] [13] 0 3

r 10.325512203 _2_ RTR --- 14 cbr 532 [ba 2 0 800] ------- [0:0 1:0 30 2] [13] 1 3

f 10.325512203 _2_ RTR --- 14 cbr 532 [ba 2 0 800] ------- [0:0 1:0 29 6] [13] 1 3

r 10.326560528 _6_ RTR --- 14 cbr 532 [ba 6 2 800] ------- [0:0 1:0 29 6] [13] 2 3

D 10.326560528 _6_ RTR BLACKHOLE 14 cbr 532 [ba 6 2 800] ------- [0:0 1:0 29 6] [13] 2 3

s 10.409600000 _1_ AGT --- 15 cbr 512 [0 0 0 0] ------- [1:1 2:0 32 0] [1] 0 3

r 10.409600000 _1_ RTR --- 15 cbr 512 [0 0 0 0] ------- [1:1 2:0 32 0] [1] 0 3

s 10.409600000 _1_ RTR --- 15 cbr 532 [0 0 0 0] ------- [1:1 2:0 30 6] [1] 0 3

r 10.410532260 _6_ RTR --- 15 cbr 532 [ba 6 1 800] ------- [1:1 2:0 30 6] [1] 1 3

D 10.410532260 _6_ RTR BLACKHOLE 15 cbr 532 [ba 6 1 800] ------- [1:1 2:0 30 6] [1] 1 3

s 10.734400000 _0_ AGT --- 16 cbr 512 [0 0 0 0] ------- [0:0 1:0 32 0] [14] 0 3

r 10.734400000 _0_ RTR --- 16 cbr 512 [0 0 0 0] ------- [0:0 1:0 32 0] [14] 0 3

s 10.734400000 _0_ RTR --- 16 cbr 532 [0 0 0 0] ------- [0:0 1:0 30 2] [14] 0 3

r 10.735612205 _2_ RTR --- 16 cbr 532 [ba 2 0 800] ------- [0:0 1:0 30 2] [14] 1 3

f 10.735612205 _2_ RTR --- 16 cbr 532 [ba 2 0 800] ------- [0:0 1:0 29 6] [14] 1 3

r 10.736440527 _6_ RTR --- 16 cbr 532 [ba 6 2 800] ------- [0:0 1:0 29 6] [14] 2 3

D 10.736440527 _6_ RTR BLACKHOLE 16 cbr 532 [ba 6 2 800] ------- [0:0 1:0 29 6] [14] 2 3

s 10.819200000 _1_ AGT --- 17 cbr 512 [0 0 0 0] ------- [1:1 2:0 32 0] [2] 0 3

r 10.819200000 _1_ RTR --- 17 cbr 512 [0 0 0 0] ------- [1:1 2:0 32 0] [2] 0 3

s 10.819200000 _1_ RTR --- 17 cbr 532 [0 0 0 0] ------- [1:1 2:0 30 6] [2] 0 3

r 10.819992264 _6_ RTR --- 17 cbr 532 [ba 6 1 800] ------- [1:1 2:0 30 6] [2] 1 3

Apêndice C

Formato do ficheiro de rastreio Detalhes completos do AODV

Uma explicação generalizada do formato do traço seria a seguinte :

Column Number	What Happened?	Values for instance...
1	It shows the occured event	's' SEND, 'r' RECEIVED, 'D' DROPPED
2	Time at which the event occured?	10.000000000
3	Node at which the event occured?	Node id like 0
4	Layer at which the event occured?	'AGT' application layer, 'RTR' routing layer, 'LL' link layer, 'IFQ' Interface queue, 'MAC' mac layer, 'PHY' physical layer
5	show flags	—
6	shows the sequence number of packets	0
7	shows the packet type	'cbr' CBR packet, 'DSR' DSR packet, 'RTS' RTS packet generated by MAC layer, 'ARP' link layer ARP packet
8	shows size of the packet	Packet size increases when a packet moves from an upper layer to a lower layer and decreases when a packet moves from a lower layer to an upper layer
9	[....]	It shows information about packet duration, mac address of destination, the mac address of source, and the mac type of the packet body.
10	show flags	—
11	[....]	It shows information about source node ip : port number, destination node ip (-1 means broadcast) : port number, ip header ttl, and ip of next hop (0 means node 0 or broadcast).

Normalmente, o formato é o seguinte:

ACÇÃO: [s|r|D|f]:

s : enviado, r : recebido, D : abandonado, f : reencaminhado .

WHEN: o momento em que a ação ocorreu ***WHERE*** : o nó onde a ação ocorreu ***LAYER*** : **AGT** : aplicação,

RTR : encaminhamento,

LL: camada de ligação (o ARP é efectuado aqui)

IFQ : fila de saída de pacotes (entre a ligação e a camada mac) **MAC** : mac, **PHY** :***sinalizadores*** físicos :

Id do pacote: o número de sequência do pacote

TYPE : o tipo de pacote

cbr : Pacote de fluxo de dados CBR

DSR : pacote de encaminhamento DSR (pacote de controlo gerado pelo encaminhamento) **RTS** : Pacote RTS gerado pelo MAC 802.11 **ARP**: pacote ARP da camada de ligação

SIZE : o tamanho do pacote na camada atual; quando o pacote desce, o tamanho aumenta, quando sobe, o tamanho diminui

Primeiros parênteses[a b c d]: a:a duração do pacote no cabeçalho da camada mac b : o endereço mac do destino c : o endereço mac da origem d : o tipo mac do corpo do pacote

bandeiras :

segundo parêntesis[.   ]: [

ip do nó de origem : número_da_porta

ip do nó de destino (-1 significa difusão) : número_da_porta ttl do cabeçalho ip

ip do próximo salto (0 significa nó 0 ou difusão)]

Assim, se tivermos uma linha como esta

s 76.000000000 _98_ AGT -------- 1812 cbr 32 [0 0 0 0 0] ----- [98:0 0:0 32

0 **]** no nosso ficheiro de rastreio.

Deve ser interpretado como a aplicação 0 (número de porta) no nó 98 enviou um pacote CBR cujo ID é 1812 e o tamanho é 32 bytes, no tempo 76,0 segundos, para a aplicação 0 no nó 0 com TTL de 32 saltos. O próximo salto ainda não foi decidido.

r 0.010176954 _9_ RTR--------- 1 gpsr 29 [0 ffffffff 8 800] --------- [8:255 -

1:255 32 0]

O agente de encaminhamento no nó 9 recebeu um pacote de encaminhamento GPSR broadcast (endereço mac 0xff, e endereço ip é -1, qualquer um deles significa broadcast) cujo ID é 1 e o tamanho é 29 bytes, no tempo 0,010176954 segundo, do nó 8 (ambos os endereços mac e ip são 8), porta 255 (agente de encaminhamento).

Apêndice D

Script Awk para analisar o ficheiro de rastreio

```
set awk2 {
function abs(value) {
if (value < 0) value = 0-value
return value
}
BEGIN {
recv_pkt=first_pkt_sent=recv=hi_id=send=recv=route=throughput=delay=nod=0
del=loading=total_packets_lost=dly=0
}
{
event = $1
time1 = $2
node_id = $3
type = $4
reason = $5
pkt_id = $6
type1 = $7
pkt_size = $8
#================================================ calculate the first and last
time of the simulation
if (event=="s")
{
if (time1 < first_pkt_sent || first_pkt_sent==0)
first_pkt_sent=time1
}
if (time1>first_pkt_sent)
last=time1
#================================================ Compute Send and Recieve
and Route Packets
if (event=="s" && type=="AGT" && (type1=="tcp" || type1=="cbr" || type1=="pareto" ||
type1=="exp"))
{
send++;
send_T[pkt_id] = time1;
} else
if (event=="r" && type=="AGT" && (type1=="tcp" || type1=="cbr" || type1=="pareto" ||
type1=="exp"))
{
recv++;
recv_pkt+=pkt_size
recv_T[pkt_id] = time1;
if (pkt_id > hi_id)
{
hi_id = pkt_id;
}
} else
if ((event == "s" || event == "f") && type == "RTR" && ( type1 =="AODV" || type1 =="message"
) ) {
route++
}
} # end of main begin
END {
ss=0
while (ss<=hi_id) {
```

```
if (recv_T[ss]>0)
delay1 = delay1+(recv_T[ss]-send_T[ss]);
ss++
}
if (recv!=0) {
delay=delay1/recv # AED
}
#====================================================================== to
prevent the division by zero
if (recv>0 && send>0)
del=(recv/send)*100; # PDF
if (recv>0 && route>0) # NRL
loading=(route/recv);
#====================================================================== Packets
Loss
total_packets_lost= send - recv
#====================================================================== time
sim_time=(last-first_pkt_sent)
print ("\n")
#print ("Evaluation of Mobility Models For MANET Using NS-2 \n ")
print ("Starting Time =", first_pkt_sent )
print ("Finishing Time =", last )
print ("Simulation Time =", sim_time )
print ("\n")
print ("Performance evaluation Metrics: \n ")
#====================================================================== compute
throughput
if (recv_pkt>0)
{
throughput=(recv_pkt/sim_time)*(8/1000)
print ("Throughput =", throughput,"kpbs" )
} else {
print ("Throughput =", throughput,"kbps" )
}
print ("Normal Routing Load (NRL) =", loading )
print ("Average End-to-End Delay (AED) =", delay, "seconds" )
print ("Packets send =", send , "packets")
print ("Packets recv =", recv , "packets")
print ("Packets loss =", total_packets_lost, "packets" )
print ("Packet Deliviery Fraction (PDF) =", del )
nod=FILENAME
name=FILENAME
#======================================================================print to
final file
printf("%s -drop %d -thr %.5f -dly %.7f -load %.7f -pdf %.7f -nn %d\n",
name,
total_packets_lost,
throughput,
delay,
loading,
del,
nod)>> "metrics.tr";
}
}
exec awk $awk2 mwireless1.tr &
exit 0
}
```

Apêndice E

Algorithm (4.1): *The Throughput Computation*

Input: ***The Trace file*** obtained from the simulation.

Output: ***The Throughput*** is a number representing the no. of packets delivered successfully to the destination.

Begin :

Event=the 1st column in trace file.

Time=the 2nd column in trace file.

object_type= the 4th column in trace file.

packet_type= the 7th column in trace file.

Packet_size = the 8th column in trace file.

Set ($time_1$= 0,data = 0)

For i=0 to end of file

Read the 1st line from the trace file

Begin For

If ($time_1 = 0$) then

$time_1$ = time.

Else If (time > $time_1$) then

$time_2$ = time.

End if

End For

Find the simulation time (simulation_time = $time_2 - time_1$)

For i=0 to end of file

If (event = "r" AND object_type = "AGT" AND (packet_type = "cbr" OR "tcp")) then

data = data + packet_size.

End if

Read next line from the trace file.
End For
Find the Throughput (Throughput = data / simulation_time)
Put (Throughput) in the output file.
Return (Throughput).
END.

Algorithm (4.2): ***The PDF and Drop Packets Computation***

Input: ***The Trace file*** obtained from the simulation.

Output: ***PDF*:** is a number representing the ratio of data packets delivered to the destinations to those generated by the sources.

***Send packets*:** is a number represent the number of sent packets

***Receive packets*:** is a number representing the no. of received packets

***Drop Packets*:** is a number representing the packets loss.

Begin :

Event=the 1st column in trace file

object_type= the 4th column in trace file

packet_type= the 7th column in trace file

Set (send = 0,receive = 0)

Read the first line from the trace file.

For i=0 to end of file

Begin For

If (event = "s" AND object_type = "AGT" AND (packet_type = "cbr" OR "tcp")) then

send = send + 1.

Else if (event = "r" AND object_type = "AGT" AND (packet_type = "cbr" OR "tcp")) then

receive = receive + 1.

Else

Read next line from the trace file.

End if

End For

Find the drop packets (drop_packets = send – receive).

Find the packet delivery fraction (pdf = (receive / send) * 100).

Put (pdf, drop_packets) in the output file.

Return pdf, drop_packets, send, and receive.

END.

Algorithm (4.3): *The NRL Computation*

Input: ***The Trace file*** obtained from the simulation.

Output: ***NRL***: is a number representing the ratio of the total number of routing packets successfully delivered to destination.

Begin :

Set (routing _packets= 0)

Event=the 1st column in trace file

object_type= the 4th column in trace file

packet_type= the 7th column in trace file

Read the 1st line from the trace file.

For i=0 to end of file

Begin For

If ((event = "s" OR "f") AND object_type = "RTR" AND (packet_type = "AODV" OR "MESSAGE")) then

routing_packets = routing_packets + 1.

Read next line from the trace file.

End For

Find the Normalize Routing Load (NRL = routing_packets / receive).

Put (NRL) in the output file.

Return NRL.

END.

Algorithm (4.4): ***The AED Computation***

Input: ***The Trace file*** obtained from the simulation.

Output: ***AED***: is a number represent the average time from the transmission of data packets at source node until packet delivery to destination.

Begin :

Event=the 1st column in trace file

Time=the 2nd column in trace file.

object_type= the 4th column in trace file

packet_id= the 6th column in trace file

packet_type= the 7th column in trace file

Set (delay = 0)

Read the 1st line from the trace file.

For i=0 to end of file

Begin For

If (event = "s" AND object_type = "AGT" AND (packet_type = "cbr" OR "tcp")) then

send[packet_id] = time.

Else if (event = "r" AND object_type = "AGT" AND (packet_type = "cbr" OR "tcp")) then

receive [packet_id]= time

Else

Read next line from the trace file.

End if

End For

I=0

while (i <id)

If (receive[i] > 0) then

delay = delay + (receive[i] – send[i]).

End while

Find the Average End2End Delay (AED = delay / receive)

Put (AED) in the output file.

Return the AED.

END.

Printed by Books on Demand GmbH, Norderstedt / Germany